U0656527

出版前言

顧炎武《日知録》一書，被稱爲考據學之開山，爲明清學術之轉關，影響巨大，自不待言。《日知録》是顧炎武在一個相當長的時期内，不斷鈔録、增補、評斷、分類、截取、謄寫、傳鈔的累積成果。《日知録》在形態上有稿本、鈔本、刻本之别；在篇卷上有八卷本、三十二卷本之别；在文本上有删改本、節選本、集釋本之别。總括《日知録》一書的版本淵源，依次經歷了顧炎武稿本、符山堂八卷刻本、三十二卷清鈔本、遂初堂三十二卷刻本、四庫全書本、黄汝成西谿草廬集釋本，大約六種形態。

《日知録》的八卷本稿本，其卷次、條目和文字内容與後來各本多有不同，是顧炎武生前隨時與學友切磋交流的未定本。

《日知録》的八卷刻本，是顧炎武在友人張弨的幫助下，先以一部分質之同志的徵求意見本，於康熙九年由張弨符山堂刊刻，而由顧炎武本人出資，實際上是顧炎武的自刻本。八卷刻本有早印本與再印本兩種版本，其中再印本已收入《中華再造善本》掃描出版。

顧炎武生前，《日知録》已編訂爲三十餘卷的規模，基本定稿，但未付印。顧炎武卒後，嗣子顧衍生將遺稿存徐乾學、徐元文處。遺稿原件已佚，雍正間有鈔本流傳。民國以來迄今，確定的傳鈔本有上海楊氏楓江書屋所藏清鈔本、杭州范氏淨琉璃室所藏清鈔本、北京大學圖書館所藏清鈔本，共三部，均爲完整的三十二卷。

康熙三十四年，顧炎武門弟子潘耒由徐乾學處取出遺稿，重新編次，並加删削，成《日知録》三十二卷，以遂初堂之名，在福建建陽刊刻。遂初堂刻本至少有兩種印本，並且又有熊賜履經義齋依照遂初堂本行格刊刻的翻刻本。其後各種《日知録》刊本多祖此本。原刻尚存，但多年以來未有影印本，學者其實不易看到。

乾隆間，四庫全書開館，收入《日知録》三十二卷，其底本「内府藏本」只能是潘刻本。上世紀五十年代，河南省圖書館由民間採購獲得館臣删改《日知録》散頁計四十二頁，二〇〇〇年由中華全國圖書館文獻縮微複製中心影印出版，題爲《〈日知録〉文淵閣本抽毁餘稿》。「抽毁餘稿」保存了四庫全書的編纂過程，但散頁上的圈删標記並未全被四庫全書本《日知録》所接受，二者可以對讀。

稍後至道光十四年，黄汝成西谿草廬刊刻《日知録集釋》三十二卷，集注此前九十餘家校勘，附刻刊誤四卷，成就最著。其後集釋本反復重刊，流通之廣超過了潘耒初刻本。潘承弼《日知録補校附版本考略》甚至認爲「自潘刻行而八卷本廢，《集釋》繼起，舉世推重，而潘刻又廢」。但在《日知録》原文方面，集釋本仍只是沿用了遂初堂本的文本。

《日知録》的清鈔本和遂初堂初刻本均源於顧炎武的遺稿，四庫全書本和《日知録集釋》則源於遂初堂刻本，但遂初堂刻本、四庫全書本、《日知録集釋》本均經過編者的删削和校勘，因此形成了各自獨立的形態。有學者認爲，《日知録》的刻本有三個系統：一爲顧炎武自刻八卷本，一爲潘耒遂初堂本，一爲黄汝成《集釋》本，又認爲遂初堂本「最接近顧炎武《日知録》之原貌」。所謂「三個系統」之説僅限於刊刻本，未將顧炎武稿本、清鈔本、《四庫全書》本等考慮在内，顯然失於狹隘。實則《日知録》一書具有顧炎武原稿本、清鈔本、符山堂八卷刻本、遂初堂三十二卷刻本、《四庫全書》官修鈔本、黄汝成《日知録集釋》本，至少六種形態。

《日知録》成於清初，雖然歷時未久，但是版本流傳十分複雜。各種版本中，由顧炎武本人定稿的三十二卷本的原本的清初鈔寫本，未經潘耒和四庫館臣删改，具有特殊重要意義。比對鈔本乃知，流傳已久的遂初堂刻本被潘耒删去「素夷狄行乎夷狄」「胡服」「李贄」「鍾惺」四條。《〈日知録〉文淵閣本抽毁餘稿》及文淵閣《四庫全書》本目録均無此四條，可知四庫館臣實未見此四條。但四庫館臣進而又删去「左衽」「三韓」「夷狄」「徙戎」「胡瓏」「胡」六條。總計十條，均賴清鈔本保存原貌。

清鈔本《日知録》的發現和流傳，始於張繼、章太炎、黄侃三人。一九三二年張繼於北平購得雍正間鈔本《日知録》，交章太炎弟子黄侃鑒定，發現與通行刻本大有不同，遂寫出《日知録校記》，刊之於世，廣爲人知。但鈔本《日知録》原書並未公開，張繼去世後，其夫人崔震華將鈔本帶往臺灣，至一九五八年，徐文珊將鈔本整理點校，鉛排出版，題爲《原鈔本日知録》。鈔本《日知録》的發現和整理出版，可謂三十年代至五十年代間《日知録》最重要的研究成果。

這部張繼舊藏清鈔本《日知録》的原貌，據當日目驗此書者章太炎、黄侃的描述，有若干特徵：

章太炎的描述：

（一）鈔本内容：其缺不書者故在，又多出「胡服」一條，纚纚千餘言。

（二）避諱情況：其書「明」則「本朝」，涉明諱者則用之字。

（三）批校字跡：丹黄雜施，不可攝影以示學者（指黑白照相製版）。

黄侃的描述：

（一）鈔本内容：今本所刊落有全章、有全節、有數行，自餘删句换字，不可遽數。

（二）避諱情況：鈔者避清諱至「胤」字而止，蓋雍正時人也。

（三）批校字跡：書中有硃筆、藍筆評校。

（四）題簽：其題簽云「何義門批校精鈔本」。

（五）鈐印：書前有光熙、李慎、冰翠堂、殷樹柏諸家印記。

《黄侃日記》一九三三年二月十六日所載《日知録校記》自序略云：

知鈔本實自原本移寫，良可寶也。

考今本所刊落，有全章：卷二十八「對襟衣」條下、「左衽」條上，有「胡服」一條，鈔本目次中列之，存文及小注千餘字，潘本目作方空，黄本徑删之。卷六「素夷狄行乎夷狄」條，今本存其目，删其文，鈔本存文及小注數百字。

有全節：卷四「納公孫寧、儀行父於陳」條，卷七「考次經文」條，卷十二「助餉」條，卷十八「朱子晚年定論」條，鈔本各多一節。

有數行：卷十八有「李贄」條，黄本所補，鈔本多百餘字。「心學」條，鈔本多五十餘字。

自餘删句换字，不可遽數。凡皆顧子精義所存，今本既失其真，而汝成雖見原本，亦未敢言。

今清命已訖，神州多虞，秘笈復章，寧非天意？

章太炎在《日知録校記序》中寫道：

昔時讀《日知録》，怪顧君仕明至部郎，而篇中稱「明」，與前代無異，疑爲後人改竄。又「素夷狄行乎夷狄」一條有録無書，亦以爲乾隆抽毁也。後得潘次耕初刻，與傳本無異，則疑顧君真跡已然，結轖不怡者久之。去歲聞友人張繼得亡清雍正時寫本，其缺不書者故在，又多出「胡服」一條，纚纚千餘言。其書「明」則「本朝」，涉明諱者則用［諱闕］之字，信其爲顧君真本，曩之所疑於是砉然凍解也。顧君書丹黄雜施，不可攝影以示學者。今歲春，余弟子黄侃因爲校記一通，凡今本所缺者具録於記，一句一字皆著焉，其功信勤矣。頗怪次耕爲顧君與徐昭法門下高材，造膝受命，宜與恒衆異。乃反剟定師書，令面目不可全睹，何負其師之劇耶？蓋亦懲於史禍，有屈志而爲之者也。今《校記》既就，人人可檢讀以窺其真，顧君千秋之志得以無恨，而侃之功亦庶幾與先哲並著歟！於時戎禍紛拏，倭爲溥儀蹂熱河之歲也。

所説「蹂熱河之歲」，即日本宣稱熱河省屬於「滿洲國」之一九三三年。

徐文珊《點校原鈔本日知録敘例》亦云：

書中與通行本不同者，多在明清之順逆、内諸夏而外夷狄、對明帝稱謂各端，散見全書各篇，不遑枚舉。此皆示舉其要者，如稱明必曰「本朝」，稱明太祖必曰爲「太祖」，崇禎必曰「先帝」，明初稱「國初」等。此皆示作者只知身爲明人，不知有清帝。一字之差，敵我之分，順逆之辨，全在於是。清人必爲竄改，本朝改「明朝」，我太祖改「明太祖」，先帝改爲「崇禎」而有明遺臣變爲清之降臣矣！餘如内侵之夷狄稱曰「胡」、曰「虜」，清人則改爲「邊」、爲「塞」、爲「敵」、爲「外國」，「五胡」改「劉石」，「中原左衽」改「中原塗炭」，凡此種種，輕重褒貶，毫釐千里，不容假借。至其全文或全節遭竄改删除者，率皆措辭嚴厲，含意深遠，爲滿清所不能容，正足以表現顧氏之精神。

黄侃與鈔本《日知録》關係至深，不僅寫出《日知録校記》，更能投之以懷抱，每每以鈔本《日知録》與抗日的民族氣節聯繫在一起。正如尚笏、陸恩湧《季剛師得病始末》所説：「先生固富具民族意識者，平時恒以顧亭林、黄梨洲之節操，勉勵學生。嘗言明末清初，學者能秉承此旨，故卒得光復。讀《日知録》校記即可見先生之懷抱焉。」

黄侃是章太炎弟子，章黄二人以治古文經、訓詁、音韻著名，學界稱之爲「章黄學派」。章黄學派是近代學林中獨樹一幟的學者，二人既是辛亥革命的元老、先驅，是中華民國的締造者，同時又都處於在野的立場，而不在民國政權的核心。在撰寫《日知録校記》的三十年代，黄侃在學術和政治立場上，反對日本侵華，對政府的内外政策不满，對宋明理學不满，對「新古學」也不满，獨抱一種積學積書、保存國故的態度。

黄侃寫出《日知録校記》，原《日知録》以「違礙」而遭改竄之事遂公之於衆，立刻引起軒然大波。嗣後《日知録》益加成爲民國間學者的必讀書。

試看陳垣、錢穆二人在當時的反應：

陳垣《史源學實習及清代史學考證法》：「張繼先生曾得一鈔本，我與之爭買，彼以重價買之。彼以國朝元老，以三十元買之，我一寒士未能得之。黄侃在南京中央大學作《日知録校記》，即以此本校之。此本已與黄本不同，黄氏以目録校之。我所得者爲吴騫（兔牀）所藏，其後爲陳鱣（仲魚）所藏，得之後我『跳起三丈高』。此爲文學家語。此本與張溥泉（繼）所藏正同。五個之中有重複者，或皆在黄汝成三本之一。潘耒、黄汝成所删改者及分卷不同，皆可知之。」

錢穆《師友雜憶》：抗戰後還往西南聯大，途經湖南南岳，「有一圖書館藏有商務印書館新出版之《四庫珍本初集》，余專借宋明各家集，爲余前所未見者，借歸閲讀，皆有筆記。……是爲余此下治理學一意歸向於程朱之最先開始。余每週下山易借新書。一日，忽覺所欲借閲者已盡，遂隨意借一部《日知録》，返山閲之。忽覺有新悟，追悔所撰《近三百年學術史》顧亭林一章實未有如此清楚之見解」。

張繼舊藏清出版《日知録》今歸上海楊氏楓江書屋。荷天之寵，庇神之庥，二〇一九年七月十六日，筆者到上海隨丁小明教授、黄曙輝先生及華東師範大學出版社王焰社長，有幸共同目睹這部瓌寶。目驗此書的狀態如下：

（一）保存：原帙保存狀況極佳。

（二）内容：全書内容完整，共計兩函十册，有舊函套。

（三）寫本字體：寫本字體整齊精緻。除後人補鈔一頁外，似出一人之手。

（四）函套：函套題簽「何義門批校精鈔本」。

（五）批校字體：批校字體行書，精美，有藍筆、硃筆兩種。正文出於鈔胥之手，批校出於學者之手。同一處批校，在硃筆批校之上，又有藍筆批校，加蓋在硃筆上。説明批校分别有兩次，硃筆在前，藍筆在後。

（六）鈐印：書中確有「光熙、李慎、冰翠堂、殷樹柏諸家印記」。

（七）張繼鈐印、黄侃題跋、殷樹柏、李慎、光熙三人之外，則有「張繼」「張繼藏書」鈐印二枚。

（八）黎經誥識語：清鈔本原帙函套内夾带一頁識語，爲黎經誥一九三二年所書。

（九）目驗清鈔本原帙，比較特殊的是何焯的鈐印，爲單獨一小方印，僅一「焯」字。「殷樹柏」鈐印在卷一、卷十六、卷十九首頁，其下又有「曼卿」一枚。殷樹柏，字縵卿，一作曼卿，號雲樓，晚號嫩雲，又號西疇桑者，室名一多廬，浙江秀水人，乾隆間貢生，爲府學訓導。工書法、精繪畫，尤擅小幅花卉清供，晚年更喜畫蔬果，極富天趣。兼善竹刻，嘗於扇骨精刻小楷百字。著有《一多廬吟草》。存世作品有花鳥畫《芙蓉鴛鴦圖》《枯荷鴛鴦圖》《桃花幽鳥圖》等。事跡見於《墨林今話》《蝶隱園書畫雜綴》《紹興府志》《小蓬萊閣畫鑒》《竹刻録》《藝林悼友録》諸書。光緒《嘉興府志》卷五十三：「殷樹柏：號雲樓，附貢生。書法遠師柳誠懸，近參汪退谷，畫尤高潔。凡瓶罍樽壺之屬，位置寸縑尺幅中，别具雅致。家西郭外，自號西疇桑者。」

「李慎私印」鈐印在書首白頁，其下又有「柏孫」鈐印一枚。李慎，字勤伯，號柏孫，奉天鐵嶺人，隸漢軍旗。咸豐三年進士，官陝西布政使、西寧辦事大臣。精鑒賞，收藏名跡極富。《皇清書史》卷二十三：「李慎：字勤伯，號柏孫，鐵嶺人，隸漢軍旗。咸豐三年進士。官陝西布政使、西寧辦事大臣。工篆隸，鑒賞收藏名跡極富。」

「光熙」鈐印在書首百頁上，其下又有「裕如秘笈」鈐印一枚。光熙姓那木都魯氏，滿人，收藏書畫、古籍甚富。嘉德公司二〇一三年春季拍賣會拍品有顧炎武手稿本《五臺山記》《日知録·武王伐紂》《五臺山記》有顧炎武題跋：「最不工書，天生强我自書所作，已二年餘矣，念其文或有補於世教，故不辭而書之。己酉歲八月二十九日，顧炎武寧人。」藏品鈐印「裕儒審定」，又有那木都魯光熙題簽：「顧亭林書自著文七首，同治甲戌購得藏之。」同治甲戌爲同治十三年。保利公司二〇一三年秋季拍賣會拍品又有《顧炎武楷書自著文》，包括《北岳辨》《裴村記》《錢糧論》《日知録·原姓》，鈐印「光熙考藏」「那木都魯光熙考藏金石書畫」「裕如秘笈」「光熙印信」「裕如父」。兩種拍品材質、形制、字體、尺寸完全一致，本爲一件，均當出自光熙舊藏。由此亦可知光熙對顧炎武著作的收藏有特别的興趣。

「冰翠堂」鈐印在卷一首頁，又見目録首頁，其下有「斗間王氏家藏」鈐印一枚。王裒，字石倉，號兩溟，室名冰翠堂，安徽合肥人。父王永閲，祖王絲，子王世溥。康熙二十九年舉人，康熙三十年進士，著有《冰翠堂集》。「冰翠堂」鈐印不知是否此人？

黄侃題跋，原件黏貼在清鈔本原帙之尾，楷書手寫體，無標題，末有黄侃鈐印。文中「先生」三處均指顧炎武，敬語挪抬，提行另寫，頂上一格；「溥泉」三處，亦敬語挪抬，提行另寫，不頂格。據日記，跋文應當是專爲贈與張繼而撰寫的，謄鈔以後用於與鈔本《日知録》原書相配。《黄侃日記》有記載。一九三三年一月二十一日，

「微雪，寒。校《日知録刊誤》訖。點《日知録》一卷。作跋於鈔本《日知録》之尾。報載平津危」。二十五日，「溥泉來，以鈔本《日知録》跋語示之」。今據清鈔本原書可知，當日張繼即將跋文持去，仔細黏貼在原書之尾，黄侃原件遂保存至今。

黎經誥識語，原帙函套内夾帶一頁識語，爲黎經誥一九三二年所書。文曰：「溥泉先生出示所藏舊寫本《日知録》，此顧氏原書也。依原書，過録御名補入仍注『諱闕』，其諱闕之，原書自爲真本。卷次與今本不同。卷中條文有爲今本所無者，疑後人以有所嫌而删去之，得此可見廬山面目矣。黄潛夫撰《集釋》《刊誤》，引據原寫本，多與此本合。鄙見所及，仍質之方家，必有以鑒定焉。壬申冬月江州黎覺人謹識。」黎經誥，字覺人，江西九江人，自署德化人或江州人或潯陽人。光緒二十年舉人。二十四年八月，經李盛鐸奏調，任駐日使館參贊，後捐納知府。二十七年出洋差滿，保舉候補道。謝章鋌門人，與繆荃孫、姚永概有交往。著有《六朝文絜箋注》十二卷，光緒十五年己丑枕溢書屋刊本；《許學考》二十六卷，民國十二年江州黎氏綫裝鉛印本。又有《韋蘇州詩注》稿本一卷，未刊行。喜藏書，室名耕雅齋、山壽堂，有「耕雅齋印」「山壽堂藏書印」。

據清代科舉史料，江西省光緒辛卯科優貢硃卷，黎經誥，咸豐十一年辛酉生。識語署款「壬申」，必是民國二十一年。署款「冬月」，即夏曆十一月。檢黄侃日記，均先標夏曆，後標公曆。《寄勤閑室日記》載，夏曆壬申十一月十日，公曆一九三二年十二月七日，「溥泉來，翻書。溥泉借校本小板《日知録》十六册」。夏曆十一月二十八日，公曆十二月二十五日，「至溥泉處，借其近買鈔本《日知録》，稱何義門校本，中如『素夷狄行乎夷狄』一條，諸本有目無文，此本文全，洵異書也」。皆夏曆壬申冬月之事。夏曆十一月初一至二十九，爲西元十一月二十八日至十二月二十六日。由此可知，黄侃初次見到清鈔本的時間，與黎經誥識語大約同時。

此年黎經誥七十一歲。

識語當是黎經誥親筆字跡。識語爲一窄條活頁，且無印鑒，或是黎氏到張繼家中遇見鈔本，當即書寫，不遑謄鈔。然則此頁識語亦可寶矣。徐文珊整理本未點校收録，是其失措。

何焯與顧炎武有關。何焯字潤千，改字屺瞻，號義門、無勇、茶仙，晚年多用茶仙。長洲人，寄籍崇明。以拔貢生入直内廷，尋特賜進士出身，改庶吉士，授編修。著《義門讀書記》五十八卷、《義門先生集》十二卷。何焯與笪重光、姜宸英、汪士鋐康熙間並稱帖學四大家。

學者謂其精於校書，長於考據，工楷法，手所校書，人爭傳寶，而性情偏狹，喜詆毁前輩。《清史稿·文苑傳》有傳云：「通經史百家之學，藏書數萬卷，得宋元舊槧，必手加讎校，粲然盈帙。學者稱義門先生，傳録其説爲《義門讀書記》。」又云：「焯工楷法，手所校書，人爭傳寶。門人著録者四百人，吴江沈彤、吴縣陳景雲爲尤著。」又載康熙帝親覽其卷册文字，曰：「是固讀書種子也！」卒，特贈侍講學士。《義門讀書記》五十八卷，《四庫全書總目提要》稱其「考證皆極精密」。

《義門先生集》卷一《菰中隨筆序》條：「亭林先生老而好學，遇事之有關於學術治道者，皆細書劄記，述往俟來，其用意豈止博聞强記，蘄勝於不説學者哉？身歿後遺書悉歸於東海相國，然不知愛惜，或爲人取去。此《菰中隨筆》一册，余於友人案間得之，視如天球大圖，時一省覽，以警惰偷，南北奔走，未嘗不以自隨也。先生所箸《區言》五十卷，皆述治天下之要，余曾在相國處見一帙，言治河事，亦如此細書者，不識能寶藏否？若遂付之鼠嚙蟲穿，不惟有負先生，而亦重生民之不幸矣。庚午仲秋之月，後學何焯識。」

《義門先生集》中仍有其他涉及顧炎武文字，如説「顧亭林《金石文字記》中漫以此本爲宣文閣中所移」，「此一行三字亭林先生不察，《金石記》中遂致微誤」，「顧氏炎武因之爲《杜解補正》三卷」，「顧寧人字跡乃學（傳）青主」，「學徒陳生格者，其祖爲顧亭林先生姊壻，字皇士」。

初步結論：經目驗，楊崇和、丁小明、黄曙輝三人共同判定清鈔本原帙爲「最善本《日知録》」，且贊同徐文珊所言「原鈔本經章、黄、張三公共同讀校鑒定，認爲民族瓌寶」之語。遂確定彩色掃描，交出版社出版。同時期望在吸收原鈔本的條件下，將注釋、補校、研究等成果彙集起來，全面梳理成《日知録》集成。

依筆者淺見，楊氏楓江書屋所藏「最善本《日知録》」具有如下特殊價值：

第一、楊氏楓江書屋所藏鈔本是第一部被世人所知的鈔本《日知録》。

第二、楊氏楓江書屋所藏鈔本是推動近代以來《日知録》研究的第一動力。

第三、楊氏楓江書屋所藏鈔本是《日知録》學術史研究的最重要文獻，雖其文本不及《日知録集釋》詳贍，但其紀録《日知録》版本流傳、印證《日知録》問世迄今三百五十年的學術背景，則顯然具有不可替代的文獻價值和文物價值。

第四、楊氏楓江書屋所藏鈔本，在民國時期抗日戰争中起到了重要的精神作用，「天下興亡，匹夫有責」成爲重要的抗日口號。

第五、楊氏楓江書屋所藏鈔本，頁面工整，部帙完好，謄鈔精緻，批校二百四十餘條，七千餘字，紅藍斑駁，洵爲傳世善本。

第六、楊氏楓江書屋所藏最善本《日知録》的出版是迄今第一部影印出版的鈔本《日知録》，鈔本《日知録》原貌從此乃得公諸於世。

學界自來有一種看法，認爲《日知録》三十二卷本不是顧炎武的定稿，顧氏本人遺留的是「三十餘卷」「三四十卷」的未定稿，是潘耒將其編定爲三十二卷的。顧炎武《與友人論門人書》言：「所著《日知録》三十餘卷，平生之志與業皆在其中」；《與人書》言：「別著《日知録》，上篇經術，中篇治道，下篇博聞，共三十餘卷。」學者見有「三十餘卷」一語，遂以爲顧炎武生前仍然未能定稿。現在可以確知，鈔本産生在刊本之前，而非據刊本傳鈔。由鈔本實證而言，《日知録》的三十二卷形態在潘耒初刻之前即已固定，反而是潘耒在刊刻中對其篇卷次序作了調整，對其文本内容作了删削處理。三十二卷本的最終形態出自顧炎武手定是顯然的，現在這部鈔本便是與顧炎武手定本最相接近的本子，而潘氏遂初堂刊本只是《日知録》三十二卷本的第二個形態。當年黄侃曾經判斷，「知鈔本實自原本移寫」，章太炎亦判斷「信其爲顧君真本」。今就鈔本的完整性而加以分析，在潘耒遂初堂初刻本之前，甚至應當是在顧炎武生前，即已確然形成了《日知録》三十二卷本的定本。關乎此點，徐文珊亦曾指出這一鈔本之价值：不惟在於「未經改竄之原鈔本蒙塵二百餘年，又獲重光」，更在於顧炎武先生「用心之苦，志節之堅，精神之彪炳」得以「真象乃見」。所以，我以爲楓江書屋主人能擲重金收藏這一鈔本，並慷慨允以影印出版，與事諸君懷抱流布原稿之志，前後四年合力推進這一鈔本刊行，實則皆秉承一「求真」之心而踐行之，所冀期者皆在一「真」字。今此稿將以面世，而吾國學術史上這一巨著得以真象重光，躬逢如此盛事，非但是吾輩之榮光，實近年來吾國學術事業之重大進展也。

辛丑立冬日　張京華謹撰於浙江台州學院

前言

第一册

目録　三
卷之一　五五
卷之二　一〇九
卷之三　一六九
卷之四　二一七
卷之五　二六九
卷之六　三〇五
卷之七　三三一
卷之八　三七九
卷之九　四一三
卷之十　四五七

第二册

卷之十一　四九七
卷之十二　五三九
卷之十三　五八三
卷之十四　六五三
卷之十五　六九一
卷之十六　七五五
卷之十七　八三五
卷之十八　九一七

第三册

卷之十九　一〇二九
卷之二十　一一四五
卷之二十一　一二〇九
卷之二十二　一三〇七
卷之二十三　一三七七

卷之二十四　一四二七
卷之二十五　一五〇三

第四册

卷之二十六　一五六九
卷之二十七　一六〇九
卷之二十八　一六六九
卷之二十九　一七八一
卷之三十　一八六三
卷之三十一　一九一五
卷之三十二　二〇一三
跋一　二〇六七
跋二　二〇六八

溥泉先生出示所藏舊寫本日知錄此顧氏原書也依原書過錄御名補入仍注諱闕其諱闕之原書自為真本卷次與今本不同卷中條文有為今本所無者疑後人以有所嫌而删去之得此可見廬山面目矣黄潛夫譔集釋刊誤引據原寫本多與此本合鄙見所及仍質之方家必有以鑒定焉

壬申冬月江州黎覺人謹識

日知録

愚自少讀書有所得輒記之其有不合時復改定或古人先我而有者遂削之積三十餘年乃成一編取子夏之言名曰日知録以正後之君子東吳顧炎武

卷之一

三易
重卦不始文王
朱子周易本義
卦爻外無別象
卦變
互體
六爻言位
九二君德
師出以律
旣雨旣處
武人為于大君
自邑告命

成有渝无咎

不遠復

天在山中

有孚于小人

上九弗損益之

姤

以杞包瓜

改命吉

艮其限

君子以永終知敝

巽在牀下

童觀

不耕穫不菑畬

罔孚裕无咎

損其疾

利用為依遷國

包无魚

已日

艮

鴻漸于陸

鳥焚其巢

翰音登于天

山下有雷小過　姚　東隣
游魂為變　通乎晝夜之道而知
繼之者善也成之者性也　形而下者謂之器
垂衣裳而天下治　過此以往未之或知也
困德之辯也　凡易之情
易逆數也　說卦襍卦互文
兌為口舌　序卦襍卦
晉晝也明夷誅也　孔子論易
七八九六　卜筮
卷之二
帝王名號　九族　舜典

惠迪吉從逆凶　　懋遷有無化居
三江　　錫土姓
厥弟五人　　惟彼陶唐有此冀方
胤征　　惟元祀十有二月
西伯戡黎　　少師
殷紂之所以亡　　武王伐紂
泰誓　　百姓有過在予一人
王朝步自周　　大王王季
彝倫　　龜從筮逆
周公居東　　微子之命
酒誥　　召誥

元子　其稽我古人之德
節性　汝其敬識百辟享
惟爾王家我適　王來自奄
建官惟百　司空
顧命　矯虔
罔孚于信以覆詛盟　文侯之命
泰誓　古文尚書
書序　豐熙僞尚書

卷之三

詩有入樂不入樂之分　四詩
孔子删詩　何彼襛矣

邶鄘衛
黎許二國
諸姑伯姊
王事
朝隮于西
王
日之夕矣
大車
鄭
楚吳諸國無詩
豳
言私其豵
承筐是將
罄無不宜
民之質矣日用飲食
小人所腓
変雅
太原
莠言自口
皇父
握粟出卜
私人之子百僚是試

不醉反耻　上天之載

王欲玉女　夸毗

流言以對　申伯

德輶如毛　韓城

如山之苞如川之流　不弔不祥

駟　實始翦商

玄鳥　敷奏其勇

魯頌商頌　詩序

第二冊

卷之四

魯之春秋　春秋闕疑之書

三正　閏月

王正月
春秋時月竝書
謂一爲元
改月
天王
邾儀父
仲子
成風敬嬴
君氏卒
滕子薛伯杞伯
闕文
夫人孫于齊
公及齊人狩于禚
楚吳書君書大夫
亡國書葬
許男新臣卒
禘于大廟用致夫人
及其大夫荀息
邢人狄人伐衛
王入于王城不書
有星孛入于北斗
子卒

納公孫寧儀行父于陳　三國来媵
殺或不称大夫　邾子来會公
葬用柔日　諸侯在喪称子
未踰不書爵　姒氏卒
卿不書族　大夫称子
有謚則不称字　人君称大夫字

卷之五

王貳于虢　星隕如雨
築郿　城小穀
齊人殺哀姜　微子啓
襄仲如齊納幣　子叔姬卒

齊昭公
臨于周廟
子大叔之廟
五伯
以日同爲占
一事兩占
左氏不必盡信
左傳地名
文字不同
紀履緰來逆女
子沈子

趙盾弑其君
欒懷子
城成周
占法之多
天道遠
春秋言天之學
列國官名
昌歜
所見異辭
母弟稱弟
穀伯鄧侯書名

鄭忽書名　祭公来遂逆王后于紀
争門　仲嬰齊卒
隠十年無正　戎菽
隕石于宋五　王子虎卒
穀梁日毀作曰

卷之六

閽人寺人　王月之吉
木鐸　稽其功緒
大牲　邦饗耆老孤子
醫師　造言之刑
國子　死政之老

凶禮
樂章
凶聲
用火
邦明

二
卷之七

奠摯見于君
辭無不腆無辱
辯
飧不致
繼母如母

不入兆域
斗與辰合
八音
泜戮于社
王公六職之一
主人
某子受酬
須臾
三年之喪

為所後者之祖父母妻妻之父母昆弟昆弟之子君子

女子子在室為父　慈母如母

出妻之子為母　父卒繼母嫁

有適子者無適孫　為人後者為其父母

繼父同居者

宗子之母在則不為宗子之妻服也

君之母妻　齊衰三月不言曾祖已上

兄弟之妻無服　先君餘尊之所厭

貴臣貴妾　外親之服皆緦

唐人增改服制

報于所為後之兄弟之子若子

庶子為後者為其外祖父母後母舅無服

考降　噫歆

二卷之八

毋不敬　女子子

取妻不取同姓　父不祭子夫不祭妻

檀弓　大公五世反葬于周

扶君　二夫人相為服

同母異父之昆弟　子卯不樂

君有饋焉曰獻　邾婁考公

因國　文王世子

武王帥而行之　用日干支

社日用申
為父母妻長子禫
庶子不以杖郎位
庶姓別于上
庶民安故財用足
師也者所以學為君
以其緩服
十五月而禫
吉祭而復寢
先古
以養父母日嚴

不盡之服
為殤後者以其服服之
婦人不以主而杖者
愛百姓故刑罰中
術有序
肅〻敬也
親喪外除兄弟之喪內除
妻之黨雖親弗主
如欲色然
慱愛

卷之九

致知
桀紂帥天下以暴
君子而時中
素夷狄行乎夷狄
期之喪達乎天夫
達孝
誠者天之道也
孝弟為仁之本
子張問十世
武未盡善
顧是天之明命
財者末也
子路問強
鬼神
三年之喪達乎天子
思事親不可以不知人
肫肫其仁
察其所安
媚奥
忠恕

朝聞道夕死可矣
變齊变魯
三以天下讓
季路問事鬼神
異乎三子者之撰
奡盪舟
予一以貫之
性相近也
聽其言也厲
二
卷之十
梁惠王

夫子之言性與天道
愽學於文
有婦人焉
不踐迹
去兵去食
管仲不死子糾
君子疾沒世而名不稱焉
虞仲
有始有卒者其惟聖人乎
未有義而後其君

不動心

必有事焉而勿正心

孟子自齊葬于魯

其實皆什一也

古者不為臣不見

為不順于父母

周室班爵禄

行吾敬故謂之内也

才

所去三

士何事

市朝

文王以百里

廛無夫里之布

莊嶽

公行子有子之喪

象封有庳

費惠公

以紂為兄之子

求其放心

自視欿然

飯糗茹草

第三冊

孟子外篇　孟子引論語
孟子字樣　孟子弟子
荼　駉
九經　考次經文

卷之十一

州縣賦稅　州縣品秩
屬縣　府
鄉亭之職　里甲
掾屬　都令史
吏胥　法制
省官

卷之十二
選補　停年格
銓選之害　員缺
人材　保舉
関防　封駮
卷之十三
部刺史　六條之外不察
隋以後刺史　知縣
知州　知府
守令　刺史守相得召見
漢令長　京官必用守令

宗室　藩鎮
輔郡　邊縣
宦官　禁自宮

三
卷之十四
治地　斗斛丈尺
地畝大小　州縣界域
後魏田制　開墾荒地
蘇松二府田賦之重　豫借
紡織之利

三
卷之十五
權量　大斗大兩

漢禄言石　以錢代銖
十分為錢　黄金
銀　以錢為賦
五銖錢　開元錢
錢法之変　銅
錢面　短陌
鈔　偽銀

第四冊

卷之十六

財用　言利之臣
俸禄　助餉
馬政　驛傳

漕程　私鹽
館舍　街道
官樹　橋梁
人衆　訪惡
盜賊課　禁兵器
水利　雨澤
河渠　酒禁
賭博　京債
居官負債

四

卷之十七

周末風俗　秦紀會稽山刻石

兩漢風俗
正始
宋世風俗
清議
名教
廉耻
流品
重厚
耿介
鄉原
儉約
大臣
誅貪
貴廉
禁錮姦臣子孫
家事
奴僕
閽人
田宅
三反
召殺
南北風化之失

南北學者之病
士大夫晚年之學
士大夫家容僧尼
貧者事人
分居
父子異部
生日
納女
王女棄歸
罷官不許到京師
陳思王植
降臣
本朝
書前代官

卷之十八

兄弟不相為後
立叔父
繼兄子為君
太皇
皇伯考
除去祖宗廟謚

漢人追尊之禮
謚法
聖節
追尊子弟
内禪
御容
封國
乳母
君喪
喪禮主人不得升堂
居喪不弔人
像設
配享
十哲
嘉靖更定從祀
祭禮
女巫
陵
墓祭
厚葬
前代陵墓
停喪

假葬
改殯
火葬
期功喪去官
緦喪不得赴舉
喪娶
衫帽入見
奔喪守制
交代
居喪飲酒
匿喪
國恤宴飲
宋朝家法

第五册卷之十九

明經
秀才
舉人
進士
科目
制科

甲科
経義論策
擬題
試文格式
判
史學
生員額数
通場下第
殿舉
大臣子弟
糊名

十八房
三場
題切時事
程文
経文字体
出身授官
中式額数
御試黜落
進士得人
扎卷
搜索

恩科
年齒
座主門生
舉主制服
同年
先輩
教官
武學
襍流
通經爲吏

五

卷之二十

秘書國史
十三經註疏
監本二十一史
張參五經文字
別字
三朝要典
密䟽
貼黃
記註
四書五經大全

書傳會選　內典
心學　舉業
破題用莊子　科場禁約
朱子晚年定論　李贄
鍾惺　竊書
勘書　改書
易林

五
卷之二十一
文須有益于天下　文不貴多
著書之難　直言
文人之多　巧言
立言不為一時

修辭
文辭欺人
文人摹寫之病
文章繁簡
文人求古之病
古人集中無冗複
書不當兩序
古人不為人立傳
誌狀不可妄作
作文潤筆
文非其人
假設之辭
古人未正之隱
非三公不得称公
古人不以甲子名歲
史家追紀月日之法
史家月日不必順序
重書日
古人必以日月繫年
古無一日分為十二時
年月朔日子
年號當從實書

史書一年兩號　年號古今相同
割併年號　孫氏西齋録
通鑑書改元　後元年
李茂貞称秦王用天祐年號
通鑑書葬　通鑑書閏月
史書人君未即位　史書一人先後歴官
史書郡縣同名　郡國改名
史書人同姓名　述古
引古必用原文　引書用意
文章推服古人　史書下兩曰字
書家凡例　分題

第六冊

卷之二十二

作詩之旨
詩不必人人皆作
詩題
古人用韻無過十字
詩有無韻之句
五經中多有用韻
易韻
古詩用韻之法
古人不忌重韻
七言之始
一言
古人未有之格
古人不用長句成篇
詩用疊字
次韻
柏梁臺詩
詩體代降
書法詩格
詩人改古事
庚子山賦誤

于仲文詩誤　李太白詩誤
郭璞賦誤　陸機文誤
字　古文
説文　趙宧光説文長箋
五經古文　急就篇
千字文　草書
金石録　鑄印作減筆字
古器

六
卷之二十三

四海　九州
六國獨燕無後　郡縣

秦始皇未滅二國　漢王子侯
漢侯國　都
鄉里　都鄉
都鄉侯　封君
圖　亭
亭侯　社
歷代帝王陵寢　堯冢靈臺
生祠　生碑
張公素　王亘

六卷之二十四

姓　氏族

氏族相傳之訛

孔顏孟三氏

仲氏

以國為氏

姓氏書

通譜

二字姓改一字

北方門族

冒姓

兩姓

古人二名止用一字

称人或字或爵

子孫称祖父字

已祧不諱

皇太子名不諱

二名不偏諱

嫌名

以諱改年號

前代諱

名父名君名祖

弟子名師

同輩称名

以字爲諱　自稱字
人主呼人臣字　兩名
假名甲乙　以姓取名
以父名子　以夫名妻
兼舉名字　排行
二人同名　字同其名
變姓名　生而曰諱
生稱謚　稱王公爲君

六
卷之二十五

祖孫　高祖
藝祖　沖帝

孝

族兄弟

哥

称其

豫名

后

君

陛下

閣下

将軍

司業

伯父叔父

親戚

妻子

互辭

重言

王

主

足下

相

相公

翰林

洗馬
員外
主簿
外郎
快手
楼羅
郎
府君
對人称臣
先妾
人臣称人君
比部
主事
郎中待詔
門子
火長
白衣
門生
官人
先卿
称臣下爲父母
上下通称

人臣称萬歳

第七冊

卷之二十六

重黎
河伯
共和
杞梁妻
莊安
李廣射石
毛延壽
名以同事而章
傳記不考世代
巫咸
湘君
介子推
池魚
大小山
丁外人
名以同事而晦
人以相類而誤

七

卷之二十七

史記通鑑兵事
史記于序事中寓論斷
史記
漢書
漢書二志小字
漢書不如史記
荀悅漢紀
後漢書
三國志
作史不立表志
史文重出
史文衍字
史家誤承舊文
晉書
宋書
魏書
梁書
後周書
隋書
北史一事兩見

宋齊梁書南史一事互異
舊唐書
新唐書
阿魯圖進宋史表
遼史
金史
元史
通鑑不載文人

七

卷之二十八

漢人註經
註疏中引書之誤
姓氏之誤
左傳註
考工記註
爾雅註
國語註
楚辭註
荀子註
淮南子註
史記註
漢書註

後漢書註　文選註
陶渊明詩註　李太白詩註
杜子美詩註　韓文公詩註
通鑑註

第八冊

卷之二十九

拜稽首　稽首頓首
百拜　九頓首三拜
東向坐　坐
土炕　冠服
衩衣　對襟衣
胡服　左衽

行幐
樂府
寺
省
職官受杖
押字
邸報
范文正公
辛幼安
騎
馹
驢驘
軍行遲速
木罌渡軍
海師
海運
燒荒
家兵
少林僧兵
毛葫蘆兵
方音
國

樓煩　吐蕃回紇
西域天文　三韓
大秦　干陀利
夷狄　徙戎

八

巻之三十

天文　日食
月食　歲星
五星聚　海中五星二十八宿
星名　人事感天
黄河清　妖人闌入宮禁
詐称太子　五胡應天象

星事多凶　圖讖
孔子閉房記　百刻
雨水　五行
建除　艮巽坤乾
太乙　正五九月
古今神祠　佛寺
泰山治鬼、　胡俗信鬼

八
卷之三十一

河東山西　陝西
山東　河內
吳會　江西廣東廣西

四川
史記菑川國薛縣之誤
曾子南武城人
水經注大梁靈丘之誤
漢書二燕王傳
徐樂傳
三輔黃圖
太原
代
晋国
緜上
箕
唐
晋都
瑕
九原
昔陽
楚丘
東昏
江乗
郭璞墓
蟂磯

朝信　昏門

闕里　杏壇

徐州　向

小穀　泰山立石

泰山都尉　濟南都尉

鄒平臺二縣　夾谷

濰水　勞山

長城　大明一統志

交阯　薊

夏謙澤　石門

無終　柳城

八

昌黎　石城
木刀溝
卷之三十二
而　柰何
語急　歲
月半　已
里　仞
不淑　不予
亡　乾沒
辱　姦
訛　誰何

信

鰥寡

阿

元

行李

量移

場屋

陘

関

石炭

魁

出

丁中

幺

寫

耗

罘罳

豆

豸

宙

終葵

桑梓

胡

龐

草馬

雌雄牝牡

胡

草驢女猫

日知録卷之一

三易

夫子言包羲氏始畫八卦，不言作易，而曰易之興也，其於中古乎。又曰易之興也，其當殷之末世，周之盛德邪，當文王與紂之事邪。是文王所作之辭始名為易。而周官大卜掌三易之法，一曰連山，二曰歸藏，三曰周易。連山歸藏非易也，而云三易者，後人因易之名以名之也。猶之墨子書言周之春秋、燕之春秋、宋之春秋、齊之春秋。周燕宋齊之史非必皆春秋也，而云春秋者，因魯史之名以名之也。

左傳僖十五年戰于韓，卜徒父筮之，曰吉。其卦遇蠱，曰千乘三去，三去之餘，獲其雄狐。成十六年戰于鄢陵，公筮之，

史曰吉其卦遇復曰南國蹙射其元王中厥目此皆不用周易而別有引據之辭師所謂三易之法也卜徒又以卜八而掌此抌周官大卜之而傳不言易

重卦不始文王

大卜掌三易之法其經卦皆八其別皆六十有四考之左傳襄公九年穆姜遷于東宮筮之遇艮之隨姜曰是于周易曰隨元亨利貞无咎獨言是于周易則知夏商皆有此卦而重八卦為六十四者不始于文王矣

朱子周易本義

周易自伏羲畫卦文王作彖辭周公作爻辭謂之經經分上下二篇孔子作十翼謂之傳傳分十篇彖傳上下二篇

彖傳上下二篇繫辭傳上下二篇文言説卦傳序卦傳雜卦傳各一篇漢書藝文志易經十二篇師古曰上下經及十翼故十二篇孔氏正義曰十翼者上彖一下彖二上象三下象四上繫五下繫六文言七説卦八序卦九雜卦十　陸德明釋文曰太史公論六家要旨引天下同歸而殊途一致而百慮謂之易大傳班固謂孔子晚而好易讀之韋編三絶而為之傳〻即十翼也前漢六經典傳皆別行至後漢諸儒始合經傳為一自漢以來為費直鄭玄王弼所亂取孔子之言逐條附于卦爻之下程正叔傳因之及朱元晦本義始依古文故于周易上經條下云中間頗為諸儒所亂近世晁氏始正其失而未能盡合古文吕氏又更定著為經二卷傳十卷乃復孔氏之舊云洪武初頒五經天下儒學而易兼用程朱二氏亦各自為書永樂中修大全乃取朱子卷次割裂附之程傳之後易經大全凡例曰程傳本義既已並行而諸家

定本又各不同故今定從程傳元本而本義仍以類從而朱子所定之古文仍複殽亂彖即文王所繫之辭傳者孔子所以釋經之辭也後凡言傳放此此乃彖上傳條下義今乃削彖上傳三字而附于大哉乾元之下象者卦之上下兩象及兩象之六爻周公所繫之辭也乃象上傳條下義今乃削象上傳三字而附于天行健之下此篇申彖傳象傳之意以盡乾坤二卦之蘊而餘卦之說因可以例推云乃文言條下義今乃削文言二字而附于元者善之長也之下其彖曰象曰文言曰字皆朱子本所無復依程傳添入後來士子厭程傳之多棄去不讀專用本義弘治三年會試物不可以苟合而已故受之以賁題陳輔文同考官楊守阯批曰序卦朱子無一言以釋其義蓋以程子于諸卦之首疏析其義已明且盡故也今治經者專讀本義易

卷踰八百而知有傳者不數人此能知之而又善作是用録之以激厲經生之不讀經傳者而大全之本乃朝廷所頒不敢輒改遂即監板傳義之本刊去程傳而以程之次序為朱子次序虛齋蔡清易經蒙引謂亦今所竊行刊易經本義○今四書校本每張十八行每行十七字而註皆小字書詩礼記並同雖易每張二十二行每行二十三字而本義皆作大字與各經不同明為後來所刻是依監板傳義本而刊去程傳凡本義中言程傳備矣者又添一傳曰而引其文皆今代人所為也　坊刻擅改古書宜有嚴禁是斈臣之責朱子詩集傳序蔡仲默書集傳序今南京刻大全本改曰詩經大全序書經大全序此即乱刻古書之一駭幸監本尚存其謬亦易見尒相傳且二百年矣惜乎朱子定正之書竟不得見于世豈非此經之不幸也矣

朱子記嵩山晁氏卦爻彖象說謂古經始變于費氏而卒大亂于王弼此據孔氏正義曰夫子所作彖辭元在六爻

經辭之後本自卑退不敢干亂先聖正経之辭王輔嗣之意以為象者不釋経文宜相附近其義易了故分爻之象辭各附其當爻下如杜元凱注左傳分経之年與傳相附故謂連合経傳始于輔嗣不知其實本于康成也魏志高貴鄉公幸太學問博士淳于俊曰孔子作彖象鄭玄作注其釋経義一也今彖象不與経文相連而注連之何也俊對曰鄭玄合彖象于経者欲使學者尋省易了也帝曰若合之于學誠便則孔子曷為不合以了學者乎俊對曰孔子恐其與文王相乱是以不合此聖人以不合為謙帝曰若聖人以不合為謙則鄭玄何獨不謙邪俊對曰古義弘深聖意奥遠非臣所能詳盡是則康成之書已先合之不

自輔嗣始矣乃漢書儒林傳云費直治易無章句徒以彖象繫辭文言解說上下經則以傳附經又不自康成始朱子記晁氏說謂初乱古制時猶若今之乾卦盖自坤以下皆依此後人又散之各爻之下而独存乾一卦以見舊本相傳之樣式耳愚嘗以其說推之今乾卦彖曰為一條象曰為一條疑此費直所附之元本也坤卦以小象散于各爻之下其為象曰者八餘卦則為象曰者七此鄭玄所連高貴鄉公所見之本也

程傳雖用輔嗣本亦言其非古易咸九三咸其股亦不處也傳曰云亦者盖象辭本不與易相比自作一處故諸爻之象辭意有相續者此言亦者承上爻辭也小畜九二牽復在中亦不

自失之本義日亦者承上文義

秦以焚書而五經亡，本朝以取士而五經亡。今之為科舉之學者，大率皆帖括熟爛之言，不能通知大義者也。而易春秋尤為繆盩，以彖傳合大象，以大象合爻，以爻合小象，二必臣，五必君，陰卦必云小人，陽卦必云君子，于是此一經者為拾播之書，而易亡矣。取胡氏傳一句兩句為旨，而以經事之相類者合以為題，傳為主，經為客，有以彼經證此經之題，有用彼經而隱此經之題，于是此一經者為射覆之書，而春秋亡矣。天順三年九月甲辰，浙江温州府永嘉縣儒斈教諭雍懋言：比者浙江鄉試春秋，摘一十六段配作一題，頭緒太多，及所鏤程文，乃太簡畧而不統貫。且春秋為經，屬詞比事，变例無窮，考官出題，往往棄經任傳，甚至參以己意，名雖搭題，實則射覆，乞勅禁止。上從之。復程朱之書以存

易當各為本自備三傳啖趙諸家之說以存春秋必有待于後之與文教者

卦文外無別象

聖人設卦觀象而繫之辭若文王周公是已夫子作傳傳中更無別象其所言卦之本象若天地雷風水火山澤之外惟頤中有物本之卦名有飛鳥之象本之卦辭而夫子未嘗增設一象也荀爽虞翻之徒穿鑿附會象外生象以同聲相應為震巽同氣相求為艮兑水流濕火就燥為坎離雲從龍則曰乾為龍風從虎則曰坤為虎十翼之中無語不求其象而易之大指荒矣豈知聖人立言取譬固與後之文人同其体例何嘗屑屑于象哉王弼之註雖涉于

玄虛，然已一埽易學之榛蕪而開之大路矣。王輔嗣略例曰：互体不足，遂及卦変，〻又不足，推致五行，一失其原，巧喻弥甚。不有程子，大義何繇而明乎？易之互體卦变，詩之叶韻，春秋之例月日，經說之繚繞破碎于俗儒者多矣。文中子曰：九師興而易道微，三傳作而春秋散。

卦變

卦變之說不始于孔子，周公繫損之六三已言之矣，曰：三人行則損一人，一人行則得其友。是六子之変皆出于乾坤，無所謂自復姤臨遯而来者，當從程傳。蘇軾、王炎皆同此說。

互體

凡卦爻二至四、三至五，兩體交互各成一卦，先儒謂之互體其說已見於左氏莊公二十二年陳侯筮遇觀之否曰風爲天於土上山也註自二至四有艮象四爻變故艮爲山是也然夫子未嘗及之後人以雜物撰德之語當之非也其所論二與四三與五同功而異位特就兩爻相較言之初何嘗有互體之說

晉書荀顗嘗難鍾會易無互體見稱于世其文不傳新安王炎晦叔嘗問張南軒曰伊川令學者先看王輔嗣胡翼之王介甫三家易何也南軒曰三家不論互體故爾

朱子本義不取互体之說惟大壯六五云卦体似兌有羊象焉不言互而言似似者合兩爻爲一爻則似之也又謂頤初九靈龜是伏得離卦然此又叛先儒所未有不如言互体矣大壯自

三至五成兑〻為羊故爻辭並言羊

六爻言位

易傳中言位者有二義列貴賤者存乎位五為君位二三四為臣位故皆曰同功而異位而初上為无位之爻譬之於人初為未仕之人上則隱淪之士皆不為臣也（明夷上六為失位之君乃其變例其但取初終之義者亦不盡拘）故乾之上曰貴而无位需之上曰不當位也（王弼註需上六曰處无位之地不當位者程子傳亦云此爵位之位非陰陽之位）若以一卦之体言之則皆謂之位故曰六位時成曰易六位而成章是則卦爻之位非取象于人之位矣此意已見于王弼畧例但必強彼合此而謂初上無陰陽定位則不可通矣記曰夫言豈一端而已夫各有所當也

九二君德

為人臣者必先具有人君之德而後可以克舜其君故伊尹之言曰惟尹躬暨湯咸有一德武王之誓亦有予有亂臣十人同心同德

師出以律

以湯武之仁義為心以桓文之節制為用斯之謂律〻即卦辭之所謂自也論語言子之所慎者戰長勺以詐而敗齊泓以不禽二毛而敗于楚春秋皆不予之故先為不可勝以待敵之可勝雖三王之兵未有易此者也

既雨既處

陰陽之義莫著于夫婦故文辭以此言之小畜之時求如

任姒之賢二南之化不可得矣陰畜陽婦制夫其畜而不和猶可言也三之反目隋文帝之于獨孤后也既和而唯其所爲不可言也上之既雨唐高宗之于武后也

武人爲於大君

武人爲於大君非武人爲大君也如書予欲宣力四方汝爲之爲六三才弱志剛雖欲有爲而不克濟以之履虎有咥人之凶也惟武人之效力于其君其濟則君之靈也不濟則以死繼之是當勉爲之而不可避耳故有斷脰決腹一瞑而萬世不視不知所益以憂社稷者莫敖大心是也戰國策過涉之凶其何咎哉

自邑告命

凡註諸闕二字皆明後來諸也亦皆補入然此二字當刪去之然要非擅改前人原書且存之是以見前人敬謹處以□圈之可也後倣此

人主所居謂之邑詩曰商邑翼翼四方之極書曰惟尹躬先見于西邑夏曰惟臣附于大邑周曰作新大邑于東國洛誥闕曰肆予敢求爾于天邑商武王之妃謂之邑姜白虎通曰夏曰夏邑商曰商邑周曰京師是也周官始以四井為邑泰之上六政教陵夷之後一人僅亦守府而號令不出于國門於是焉而用師則不可君子處此當守正以俟時而已桓王不知此也故一用師而祝聃之矢遂中王肩唐昭宗不知此也故一用師而邠岐之兵直犯闕下然則保泰者可不豫為之計哉

易之言邑者皆内治之事夬曰告自邑如康王之命畢公彰善癉惡樹之風聲者也晉之上九曰維用伐邑如王國

之大夫大車檻檻毳衣如菼國人畏之而不敢奔者也其為自治則同皆聖人之所取也比之九五邑人不誡是亦內治修而遠人服之意

成有渝无咎

昔穆王欲肆其心周行天下將皆必有車轍馬跡焉祭公謀父作祈招之詩以止王心王是以獲沒于祗宮傳曰人誰無過過而能改善莫大焉聖人慮人之有過不能改之于初且將遂其非而不反也教之以成有渝无咎雖其漸染之深放肆之久而惕然自省猶可以不至于敗亡以視夫迷復之凶不可同年而論矣故曰惟狂克念作聖

童觀

其在政教則不能是訓是行以近天子之光而所司者籩

豆之事其在學術則不能知類通達以幾大學之道而所習者佔畢之文樂師辨乎聲詩故北面而弦宗祝辨乎宗廟之礼故後尸商祝辨乎喪礼故後主人小人則无咎也有大人之事有小人之事雖小道必有可觀者焉致遠恐泥故君子為之則吝也

不遠復

復之初九動之初也自此以前喜怒哀樂之未發也至一陽之生而動矣故曰復其見天地之心乎顏子体此故有不善未嘗不知〻之未嘗復行此慎獨之學也回之為人也擇乎中庸夫亦擇之于斯而已是以不遷怒不貳過其在凡人復之初九則日夜之所息平旦之氣其好惡與

人相近也者幾希苟其知之則擴而充之矣故曰復小而辨于物

不耕穫不菑畬

揚氏曰誠齋易傳初九動之始六二動之繼是故初耕之二穫之初菑之二畬之天下無不耕而穫不菑而畬者其曰不耕不菑則耕且菑前人之所已爲也昔者周公毖殷頑民遷于洛[諱闕]邑密邇王室既歷三紀世变風移而康王作畢命之書曰惟周公克愼厥始惟君陳克和厥中惟公克成厥終是故有周之治垂拱仰成而無所事矣周監于二代郁郁乎文哉而孔子之聖但曰述而不作信而好古又曰文武之道未墜于地在人是故六經之業集羣聖之大成

而無所剏矣雖然使有始之作之者而無終之述之者是耕而弗穫菑而弗畬也其功為弗竟矣六二之柔順中正是能穫能畬者也故利有攸往也未富者因前人之為而不自多也雖不富以其鄰之意

天在山中

張淇註列子曰自地以上皆天也故曰天在山中

罔孚裕无咎

君子信而後諫未信則以為謗己也而況初之居下位未命于朝者乎孔子嘗為委吏矣曰會計當而已矣嘗為乘田矣曰牛羊茁壯長而已矣此所謂裕无咎也若受君之命而任其事有官守者不得其職則去有言責者不得其

言則去矣

有孚于小人

君子之于小人也有知人則哲之明有去邪勿疑之斷堅如金石信如四時使憸壬之類皆知上志之不可移豈有不革面而從君者乎所謂有孚于小人者如此

損其疾使遄有喜

損不善而從善者莫尚乎剛莫貴乎速初九曰已事遄往六四曰使遄有喜四之所以能遄者賴初之剛也周公思兼三王以施四事其有不合者仰而思之夜以繼日幸而得之坐以待旦子路有聞未之能行惟恐有聞其遄也至矣文王之勤日昃大禹之惜寸陰皆是道也君子進德修

業欲及時也故為政者玩歲而惕日則治不成為季者日邁而月征則身將老矣

召公之戒成王曰宅新邑肆為王其疾敬德疾之為言遄之謂也故曰雞鳴而起孳孳為善

上九弗損益之

有天下而欲厚民之生正民之德豈必自損以益人哉不違農時穀不可勝食也數罟不入洿池魚鼈不可勝食也斧斤以時入山林材木不可勝用也所謂弗損益之者也皇建其有極歛時五福用敷錫厥庶民詩曰奏格無言時靡有爭是故君子不賞而民勸不怒而民威于鈇鉞所謂弗損益之者也以天下為一家中國為一人其道在是矣

利用爲依遷國

在無事之國而遷晉從韓獻子之言而遷于新田是也在有事之國而遷楚從子西之言而遷于都鄀是也皆中行告公之益也

姤

天下之生久矣一治一亂盛治之極而亂萌焉此一陰遇五陽之卦也孔子之門四科十哲身通六藝者七十有二人于是删詩書定礼樂贊周易修春秋盛矣而老莊之書即出于其時後漢立辟雍養三老臨白虎論五經大學諸生至三萬人而三君八俊八顧八及八廚爲之稱首馬鄭服何之註經術爲之大明而佛道之教即興于其世胡三省曰

道家雖宗老子而西漢以前未嘗以道士自名至東漢是始有張道陵于吉等是道與佛教皆起于東漢之時知邪說之作與世升降聖人之所不能除也故曰繫于金柅柔道牽也嗚呼豈獨君子小人之辨而已乎

包无魚

國猶水也民猶魚也幽王之詩曰魚在于沼亦匪克樂潛雖伏矣亦孔之昭憂心慘慘念國之為虐秦始皇八年河魚大上五行志以為魚陰類民之象也逆流而上言民不從君為逆行也自人君有求多于物之心于是魚亂于下鳥亂于上而人情之所嚮必有起而收之者矣

以杞包瓜

劉昭五行志曰瓜者外延離本而實女子外屬之象一陰

在下如瓜之始生勢必延蔓而及于上五以陽剛居尊如樹杞爲詩南山有杞陸璣曰杞山材也其樹如樗左傳所謂杞梓皮革使之無所緣而上故曰以杞包瓜孔子曰惟女子與小人爲難養也韓矣有時恩澤有節器使有分而國之大防不可以踰何有外戚宦官之禍乎

已日

革已日乃孚六二已日乃革之朱子發讀爲戊已之已天地之化過中則變日中則昃月盈則食故易之所貴者中十干則戊已爲中至于已則過中而將變之時矣故受之以庚〻〻者更也天下之事當過中而將變之時然後革而人信之矣古人有以已爲變改之義者儀礼少牢饋食礼

日用丁已註內事用柔日必丁已者取其令名自丁寧自變改皆為謹敬而漢書律歷志亦謂理紀于已斂更于庚是也納甲之法革下卦離納己王弼謂即日不孚已日乃孚以已為已事遄往之已恐未然

改命吉

革之九四猶乾之九四諸侯而進乎天子湯武革命之爻也故曰改命吉成湯放桀于南巢惟有慚德是有悔也天下信之其悔亡矣四海之內皆曰非富天下也為匹夫匹婦復讐也故曰信志也

艮

毋意毋必毋固毋我艮其背不獲其身也富貴不能淫貧

賤不能移威武不能屈行其庭不見其人也

艮其限

學者之患莫甚乎執一而不化及其施之於事有扞格而不通則忿懥生而五情瞀亂與衆人之滑性而焚和者相去蓋無幾也孔子惡果敢而窒者非独處事也為學亦然告子不動心之學至于不得于言勿求于心而孟子以為其弊必將如蹶趋者之反動其心此艮其限列其夤之説也君子之學不然廓然而大公物来而順應故聞一善言見一善行若決江河沛然莫之能禦而無薰心之厲矣

慈谿黄氏震日抄曰心者吾身之主宰所以治事而非治于事惟隨事謹省則心自存不待治之而後齊一也孔子

之教人曰居處恭執事敬與人忠曾子曰吾日三省吾身為人謀而不忠乎與朋友交而不信乎傳不習乎不待言心而自貫通于動靜之間者也孟子不幸當人欲橫流之時始單出而為求放心之說然其言曰君子以仁存心以礼存心則心有所主非虛空以治之也至于齋心服形之老莊一变而為坐脫立亡之禅學乃始瞑目靜坐日夜仇視其心而禁治之及治之愈急而心愈亂則曰易伏猛獸難降寸心嗚呼人之有心猶家之有主也反禁切之使不得有為其不能無擾者勢也而患心之難降欤（省齋記）又曰天心之說有二古人之所謂存心者存此心于當用之地也後世之所謂存心者攝此心于空寂之境也造化流行

無一息不運人得之以為心亦不容一息不運心豈空寂無用之物哉世乃有遊手浮食之徒株坐攝念亦曰存心而士大夫溺于其言亦將遺落世事以獨求其所謂心迨其心迹冰炭物我參商所謂老子之弊流為申韓者一人之身已兼備之而欲尤人之不我應得乎山陰縣主簿所記此皆足以發明厲薰心之義詳又見第二十三卷心學條下乃周公已先繫之于易矣

鴻漸于陸

上九鴻漸于陸其羽可用為儀吉安定胡氏改陸為逵鼂氏曰其說出于毘陵從事范諤昌按宋史藝文志諤昌有證墜簡一卷朱子從之謂合韻非也詩儀字凡十見柏舟、相鼠、東山、湛露、菁菁者莪、斯干、賓之初筵、既醉、各一見、抑、二見、皆音牛

易本非叶韻之書

何反不得與逵為叶而雲路亦非可翔之地仍當作陸為是漸至于陵而止矣不可以更進故反而之陸古之高士不臣天子不友諸侯而未嘗不踐其土食其毛也其行高于人君而其身則與一國之士偕焉而已此所以居九五之上而與九三同為陸象也朱子發曰上所往進也所反亦進也漸至九五極矣是以上反而之三楊廷秀曰九三下卦之極故皆曰陸自木自陵而復至于陸以退為進也與為進退其說並得之

君子以永終知敝

讀臺新桑中鶉奔之詩而知衛有狄滅之禍讀宛丘東門月出之詩而察陳有徵舒之亂書齊侯送姜氏于讙而卜

桓公之所以薨書夫人姜氏入書大夫宗婦覿用幣而兆子般閔公之所以弑皆婚姻之義男女之節君子可不慮其所終哉

鳥焚其巢

人主之德莫大乎下人楚莊王之圍鄭也而曰其君能下人必能信用其民矣故以禹之征苗而伯益贊之猶以滿招損謙受益為戒班師者謙也用師者滿也上九處卦之上離之極所謂有鳥高飛亦傅于天者矣居心以矜而不聞諫爭之論菑必逮夫身者也魯昭公之伐季孫意如也請待于沂上以察罪弗許請囚于費弗許請以五乘亡弗許于是叔孫氏之甲興而陽州之次乾侯唁矣鸛鵒鸛鵒

往歌来哭其此爻之占乎吳幼清曰此爻變爲小過有飛鳥之象

巽在牀下

九二之巽在牀下恭而無禮則勞也初六之進退慎而無禮則葸也

翰音登于天

羽翰之音雖登于天而非實際其如莊周齊物之言騶衍怪迂之辨其高過于大學而無實者乎以視車服傳于弟子弦歌徧于魯中若鶴鳴而子和者孰誕孰信夫人而識之矣永嘉之亡太清之亂豈非談空〻覈玄〻者有以致之哉翰音登于天中孚之反也

山上有雷小過

山之高峻雲雨時在其中間而不能至其巔也故詩曰殷其靁在南山之側或高或下在山之側而不必至其巔所以為小過也然則大壯言雷在天上何也曰自地以上皆天也

妣

爾雅父曰考母曰妣愚考古人自祖母以上通謂之妣經文多以妣對祖而竝言之若詩之云似續妣祖烝畀祖妣易之云過其祖遇其妣是也左傳昭十年邑姜晉之妣也平公之去邑姜蓋二十世矣（儀礼士昏礼勗帥以敬先妣之嗣蓋繼世主祭之通辭）過其祖遇其妣據文義妣當在祖之上不及其君遇其臣臣則在君之下也昔人未論此義周人以姜嫄為妣（周礼大司

樂註周人以后稷爲始祖而姜嫄無所配是以特立廟祭之謂之閟宮周語謂之皇妣大姜是以妣先乎祖周礼大司樂享先妣在享先祖之前而斯干之詩曰似續妣祖箋曰妣先妣姜嫄也祖先祖也或乃謂变文以協韻是不然矣朱子本義以晉六二爲享先妣之吉占或曰易爻何得及此夫帝乙歸妹箕子之明夷王用享于岐山爻辭屢言之矣

易本周易故多以周之事言之小畜卦辭密雲不雨自我西郊本義我者文王自我也

東鄰

馭得其道則天下皆爲之臣馭失其道則疆而擅命者謂之鄰臣哉鄰哉鄰哉臣哉

漢書郊祀志引此師古註東鄰謂商紂也西鄰謂周文王也

游魂為變

精氣為物自無而之有也游魂為變自有而之無也夫子之答宰我曰骨肉斃于下陰為野土其氣發揚于上為昭明焄蒿悽愴朱子曰昭明露光景也鄭氏曰焄謂香臭也蒿氣蒸出貌許氏曰悽愴使人怵慄感傷之意魯菴徐氏曰陽氣為魂附于体貌而人生焉骨肉斃于下其氣無所附麗則發散飛揚或為朗然昭明之氣或為温然焄蒿之氣或為肅然悽愴之氣蓋陽氣輕清故升而上浮以從陽也所謂游魂為變者情狀具于是矣延陵季子之葬其子也曰骨肉歸復于土命也若魂氣則無不之也無不之也張子正蒙有云太虛不能無氣〻不能不聚而為萬物萬物不能不散而為太虛

循是出入是皆不得已而然也然則聖人盡道其間兼體而不累者存神其至矣其精矣乎

鬼者歸也張子曰氣之為物散入無形適得吾體此之謂歸

陳無已師道以游魂為變為輪迴之說理究呂仲木柟辯之曰長生而不化則人多世何以容長死而不化則鬼亦多矣夫燈熄而然非前燈也雲霓而雨非前雨也死復有生豈前生耶

邵氏寶簡端錄曰聚而有体謂之物散而無形謂之变惟物也故散必于其所聚唯变也故聚不必于其所散是故聚以氣聚散以氣散昧于散者其說也佛荒于聚者其說

也仙
盈天地之間者氣也氣之盛者為神〻者天地之氣而人
之心也故曰視之而弗見聽之而弗聞体物而不可遺使
天下之人齋明盛服以承祭祀洋〻乎如在其上如在其
左右聖人所以知鬼神之情狀者如此
維嶽降神生甫及申非有所託而生也文王在上於昭于
天非有所乘而去也此鬼神之實而誠之不可揜也

通乎晝夜之道而知

日往月来月往日来一日之晝夜也寒往暑来暑往寒来
一歳之晝夜也小往大来大往小来一世之晝夜也子在
川上曰逝者如斯夫不舍晝夜通乎晝夜之道而知則終

曰乾乾與時偕行而有以盡乎易之用矣

繼之者善也成之者性也

維天之命於穆不已繼之者善也天下雷行物與无妄成之者性也是故天有四時春秋冬夏風雨霜露無非教也地載神氣神氣風霆風霆流形庶物露生無非教也天地絪緼萬物化醇善之爲言猶醇也曰何以謂之善也曰誠者天之道也豈非善乎

形而下者謂之器

形而上者謂之道形而下者謂之器非器則道無所寓說在乎孔子之學琴于師襄也已習其數然後可以得其志已習其志然後可以得其爲人是雖孔子之天縱未嘗不

求之象数也故其自言曰下學而上達

垂衣裳而天下治

垂衣裳而天下治变質而之文也自黄帝尭舜始也故于此有通变宜民之論

過此以往未之或知也

人之為學亦有病于憧〻往来者故天下之不助苗長者寡矣過此以往未之或知也居之安則資之深資之深則取之左右逢其原

困德之辨也

内文明而外柔順其文王之困而亨者乎不怨天不尤人下學而上達其孔子之困而亨者乎故在陳之厄絃歌之

志顔淵知之而子路子貢之徒未足以達此也故曰困德之辯也

凡易之情

愛惡相攻遠近相取情僞相感人心之至變也於何知之以其辭知之將叛者其辭慚中心疑者其辭枝吉人之辭寡躁人之辭多誣善之人其辭遊失其守者其辭屈聽其言也觀其辭子人焉廋哉是以聖人設卦以盡情僞夫誠于中必形于外君子之所以知人也百物而爲之備使民知神姦先王之所以鑄鼎也故曰作易者其有憂患乎周身之防御物之智具全于是矣

易逆數也

数往者順造化人事之迹有常而可驗順以考之于前也知来者逆變化云為之動日新而無窮逆以推之于後也聖人神以知来知以藏往作為易書以前民用所設者未然之占所期者未至之事是以謂之逆数雖然若不本於八卦已成之迹亦安所觀其會通而繫之文象乎是以天下之言性也則故而已矣

劉汝佳曰天地間一理也聖人因其理而畫為卦以象之因其象而著為變以占之象者体也象其已然者也占者用也占其未然者也已然者為往〻則有順之〻義爲未然者為来〻則有逆之〻義爲如象天而畫為乾象地而畫為坤象雷風而畫為震巽象水火而畫為坎離象山澤

而畫爲艮兑此皆觀变于陰陽而立卦發揮于剛柔而生爻者也不謂之数往者順乎如筮得乾而知乾元亨利貞筮得坤而知坤元亨利牝馬之貞筮得震而知震亨震来虩虩笑言啞啞筮得巽而知巽小亨利有攸往利見大人筮得坎而知習坎有孚維心亨行有尚筮得離而知離利貞亨畜牝牛吉筮得艮而知艮其背不獲其身行其庭不見其人筮得兑而知兑亨利貞此皆通神明之德類萬物之情者也不謂之知来者逆乎夫其順数已往正所以逆推將来也孔子曰殷因于夏礼所損益可知也周因于殷礼所損益可知也数往者順也其或繼周者雖百世可知也知来者逆也故曰易逆数也若如邵子之説則是羲文

之易已判而為二而又以震離兑乾為數已生之卦巽坎艮坤為推未生之卦殆不免强孔子之書以就己之説矣

説卦互文

雷以動之風以散之雨以潤之日以晅之艮以止之兑以説之乾以君之坤以藏之上四舉象下四舉卦各以其切于用者言之也終萬物始萬物者莫盛乎艮崔憬曰艮不言山獨舉卦名者以動撓燥潤功是風雷水火至終始萬物于山義則不然故舍象而言卦各取便而論也得之矣

古人之文有廣譬而求之者有舉隅而反之者今夫山一卷石之多今夫水一勺之多天地之外復言山水者意有

所不盡也坤也者地也不言西南之卦兑正秋也不言西方之卦舉六方之卦而見之也意盡于言矣虞仲翔以爲坤道廣布不主一方及兑象不見西者妄也

豐多故親寡旅也先言親寡後言旅以協韻也猶楚辭之吉日兮辰良也虞仲翔以爲別有義非也

兑爲口舌

兑爲口舌其于人也但可以爲巫爲妾而已以言説人豈非妾婦之道乎

凡人于交友之間口惠而實不至則其出而事君也必至于静言庸違故舜之御臣也敷奏以言明試以功而孔子之于門人亦聽其言而觀其行

唐書言常貫之自布衣爲相與人交終歲無款曲未嘗僞辭以悦人其賢于今之人遠矣

序卦雜卦

序卦雜卦皆旁通之説先儒疑以爲非夫子之言然否之大往小來承泰之小往大來也解之利西南承蹇之利西南不利東北也是文王已有相受之義也益之六二即損之六五也其辭皆曰十朋之龜姤之九四即夬之九三也其辭皆曰臀无膚未濟之九四即既濟之九三也其辭皆曰伐鬼方是周公已有反對之義也必謂六十四卦皆然則非易書之本意或者夫子嘗言之而門人廣之如春秋哀十四年西狩獲麟以後續经之作耳

晉晝也明夷誅也

蘇氏曰晝曰三接故曰晝得其大首故曰誅晉當文明之世羣后四朝而車服以庸揖讓之事也明夷逢昏乱之時取彼凶残而殺伐用張征誅之事也一言誅一言晝取其音協爾晝古音注易体及張衡西京賦並同虞仲翔曰誅傷也本義用之与晝義相對不切

孔子論易

孔子論易見于論語者二章而已曰加我数年五十以學易可以無大過矣曰南人有言曰人而無恒不可以作巫醫善夫不恒其德或承之羞子曰不占而已矣是則聖人之所以學易者不過庸言庸行之間而不在乎圖書象数也今之穿鑿圖象以自為能者畔也

理外無數數外無理
言易不可遺數也
康節之書非道家

記者於夫子學易之言而即繼之曰子所雅言詩書執礼皆雅言也是知夫子平日不言易而其言詩書執礼者皆言易也人苟循乎詩書執礼之常而不越焉則自天祐之吉无不利矣故其作繫辭傳于悔吝无咎之旨特諄々焉而大象所言允其体之於身施之于政者無非用易之事然辭本乎象故曰君子居則觀其象而玩其辭觀之者浅玩之者深矣其所以與民同患者必于辭焉著之故曰聖人之情見乎辭若天一地二易有太極二章皆言数之所起亦賛易之所不可遺而未嘗專以象数教人為學也是故出入以度无有師保如臨父母文王周公孔子之易也希夷之圖康節之書道家之易也自二子之學興而空疎

文畫系因數為道
象之畫本一二數
所以一所以二理也象
生一二之象數理何
由生乎

之人迂怪之士舉竄跡于其中以為易而其易為方術之書于聖人寡過反身之學去之遠矣

詩三百一言以蔽之曰思無邪易六十四卦三百八十四爻一言以蔽之曰不恒其德或承之羞夫子所以思得見夫有恒也有恒然後可以無大過

七八九六

易有七八九六而爻但繫九六者奇偶之義也故發其例於乾坤二卦曰用九用六用其變也亦有用其不變者春秋傳穆姜遇艮之八晉語董因得泰之八是也杜元凱註謂雜用連山歸藏二易皆以七八為占故言遇艮之八者非晉語公子筮得貞屯悔豫皆八本卦為貞之卦為悔沙隨程氏曰初與四五凡三爻變其不變者二三上在屯為八在豫亦八今即以艮言之二爻獨變

則名之六餘爻皆变而二爻獨不变則名之八是知乾坤亦有用七用八時也乾爻皆变而初獨不变曰初七潛龍勿用可也坤爻皆变而初獨不变曰初八履霜堅冰至可也占变者其常也占不变者其反也故聖人繫之九六歐陽永叔曰易道占其變故以其所占者名爻不謂六爻皆九六也得之矣

趙汝楳易輯聞曰揲蓍策数凡得二十八雖為乾亦稱七凡得三十二雖為坤亦称八

楊彦齡筆録曰楊損之蜀人博學善称説余嘗疑易用九六而無七八損之云卦畫七八爻称九六

乾之策二百一十有六坤之策百四十有四亦是舉九六

以該七八也朱子謂七八之合亦三百有六十也乾遇七則一百六十八坤遇八則一百九十二

卜筮

舜曰官占惟先蔽志昆命于元龜詩曰爰始爰謀爰契我龜洪範曰謀及乃心謀及卿士謀及庶人謀及卜筮孔子之贊易也亦曰人謀鬼謀祖伊告紂言格人元龜亦先人後龜夫庶人至賤也而猶在蓍龜之前故盡人之明而不能決然後謀之鬼爲故古人之於人事也信而有功于鬼也嚴而不瀆子之必孝臣之必忠此不待卜而可知者也其所當爲雖凶而不可避也故曰欲從靈氛之吉占兮心猶豫而狐疑又曰用君之心行君之意龜策誠不能知此事善哉屈子

之言其聖人之徒與

卜居屈原自作設為問答以見此心非鬼神吉凶之所得而移耳王逸序乃曰心迷意惑不知所為往至太卜之家決之蓍龜冀聞異策以定嫌疑則與屈子之旨大相背戾矣洪興祖補註曰此篇上句皆原所從下句皆原所去時之人去其所當從〻其所當去其所謂吉乃原所謂凶也可謂得屈子之心者矣

礼記少儀問卜筮曰義與志與義則可問志則否子孝臣忠義也違害就利志也卜筮者先王所以教人去利懷仁義也

石駘仲卒無適子有庶子六人卜所以為後者曰沐浴佩

玉則兆五人者皆沐浴佩玉石祁子曰孰有執親之喪而沐浴佩玉者乎不沐浴佩玉石祁子兆衛人以龜為有知也南蒯將叛枚筮之遇坤之比曰黄裳元吉子服惠伯曰忠信之事則可不然必敗外彊内温忠也和以率貞信也故曰黄裳元吉黄中之色也裳下之飾也元善之長也中不忠不得其色下不共不得其飾事不善不得其極且夫易不可以占險猶有闕也筮雖吉未也南蒯果敗是以嚴君平之卜筮也與人子言依于孝與人弟言依于順與臣人言依于忠而高允亦有筮者當依附爻象勸以孝忠之論其知卜筮之旨矣

申鑒或問卜筮曰德斯益否斯損曰何謂也吉而濟凶而

救之謂德吉而悖凶而怠之謂損

君子將有為也將有行也問焉而以言其受命也如嚮告其為也告其行也死生有命富貴在天若是則無可為也無可行也不當問〻亦不告也易以前民用也非以為人前知也求前知非聖人之道也是以少儀之訓曰毋測未至

郭璞嘗過顔含欲為之筮含曰年在天位在人修己而天不與者命也守道而人不知者性也自有性命無勞蓍龜

文中子〻謂北山黄公善醫先寢食而後針藥汾陰侯生善筮先人事而後說卦

金史方伎傳序曰古之為術以吉凶導人而為善後世術

者或以休咎導人而為不善

生而名死而諱之古禮也

日知録卷之二

帝王名號

堯舜禹皆名也古未有號故帝王皆以名紀臨文不諱也胡文定修春秋劄子臣聞古者不以名為諱堯典稱有鰥在下曰虞舜則堯舜者固二帝之名而堯典乃虞氏史官所作直載其君之名而不避也考之尚書帝曰格汝舜格汝禹名其臣也堯崩之後舜與其臣言則曰帝禹崩之後五子之歌則曰皇祖胤征則曰先王無言堯舜禹者不敢名其君也自啓至癸皆名也夏后氏之季而始有以十干為號者桀之癸商之報丁報乙報丙主壬主癸皆號以代其名白虎通曰殷質以生日名子自天乙至辛皆號也太甲沃丁仲丁河亶甲祖乙盤庚皆以為書籍之名惟其號也商之王著號不著名而名之見于經者二天乙之名履辛

之名受是也（武庚亦是號祿父乃名也）曰湯曰紂則亦號也（孔氏西伯戡黎序傳）受紂也音相乱）號則臣子所得而稱故伊尹曰惟尹躬暨湯頌曰武湯曰成湯曰湯孫也（微子之命言乃祖成湯多士言尔先祖成湯皆对其臣子称之）曰文祖曰藝祖曰神宗曰皇祖曰烈祖曰高祖曰高后曰中宗曰高宗而廟號起矣曰玄王曰武王而謚立矣曰大舜曰神禹曰大禹曰武湯曰寧王而称號繁矣自夏以前純乎質故帝王有名而無號自商以下浸乎文故有名有號而德之盛者有謚以美之于是周公因而制謚自天子達于卿大夫美悪皆有謚而十干之號不立（史記齊太公世家太公子丁公丁公子乙公乙公子癸公犹用商人之称陸淳曰史記世本厲王以前諸侯有謚者少其後乃皆有謚）然王季以上不追謚犹用商人之礼焉此文質之中而臣子之

義也嗚呼此其所以為聖人也與

九族

宗盟之列先同姓而後異姓喪服之紀重本屬而輕外親此必有所受之不自周人始矣克明峻德以親九族孔傳以為自高祖至玄孫之親蓋本之喪服小記以三為五以五為九之說而百世不可易者也牧誓數商之罪但言昏棄厥遺王父母弟而不及外親呂刑申命有邦歷舉伯父伯兄仲叔季弟幼子童孫而不言甥舅古人所為先後之序從可知矣故爾雅謂于內宗曰族于母妻則曰黨而昏礼及仲尼燕居三族之文康成並釋為父子孫儀礼昏礼三族之不虞註三族為父昆弟己昆弟子昆弟礼記仲尼燕居篇故三族和也註三族父子孫也杜元凱乃謂

外祖父外祖母從母子及妻父妻母姑之子姊妹之子女子之子非己之同族皆外親有服而異族者（左氏桓公六年傳註）然則史官之稱帝堯舜其疏而遺其親無乃顛倒之甚乎且九族之為同姓經傳之中有明證矣春秋魯成公十五年宋共公卒傳曰二華戴族也司城莊族也六官者皆桓族也共公距戴公九世（凡十三公內除同世者四公）而唐六典宗正卿掌皇九族之屬籍以別昭穆之序紀親疎之別九廟之子孫其族五十有九光皇帝一族景皇帝之族六元皇帝之族三高祖之族二十有一太宗之族十有三高宗之族六中宗之族四睿宗之族五此在玄宗之時已有七族（中睿二宗同為一世）若其歷世滋多則有不止于九者而五世親盡故經文

之言族者自九而止也杜氏于襄十二年傳註曰同族謂高祖以下則前說之非不待辯而明矣又孔氏正義謂高祖玄孫無相及之理桓六年不知高祖之兄弟與玄孫之兄弟固可以相及如後魏國子博士李琰之所謂壽有短長世有延促不可得而齊同者如宋洪邁容齋隨筆言嗣濮王士歆在隆興為從叔祖在紹熙為曾叔祖在慶元為高叔祖其明證矣余丁未歲在大同遇代府中尉後晰年近五十考其世次于孝宗為昆弟而上距弘治之元已一百八十年秦晉二府見在者多其六七世孫亦何必帝堯之世高祖玄孫之族無一二人同在者乎疑其不相及而以外戚當之其亦未昧乎齊家治國之理矣

路史曰親親治之始也礼小記曰親親者以三為五以五為九上殺下殺旁殺而親畢矣是所謂九族者也夫人生

則有父壯則有子父子與己此小宗伯三族之別也周礼小宗伯掌三族之別以辨其親疏其正室皆謂之門子父者子之祖因上推之以及子己之祖子者父之孫因下推之以及子己之孫此礼傳之以三為五也己之祖自己子視之則為曾祖王父自己孫視之則為高祖王父己之孫自己父視之則為曾孫自己祖視之則為玄孫故又上推以及己之曾高下推以及己之曾玄是所謂以五為九也陳氏礼書曰己之所親以一為三祖孫所親以五為七記不言者以父子一体而高玄與曾同服故不辨異之也服父三年服祖期則曾祖宜大功高祖宜小功而皆齊衰三月者不敢以大小功旁親之服加乎至尊故重其衰麻尊尊也減其日月恩殺也此所

謂上殺服適子三年庶子期適孫期庶孫大功適孫傳重者也有適子者無適孫則長子在皆為庶孫也則曾孫宜五月而與玄孫皆緦麻三月者曾孫服曾祖三月曾祖報之亦三月曾祖尊也故加齊衰曾孫卑也故服緦麻此所謂下殺服祖期則世叔宜大功以其與父一体故加以期周道親親至重者莫如兄弟兄弟之子進而為期其服同于子父之兄弟進而為期其服同于祖父故曰死喪之戚兄弟孔懷從世叔則疏矣加所不及故服小功族世叔又疏矣故服緦麻此殺父而旁殺者也祖之兄弟小功曾祖兄弟緦麻高祖兄弟無服此殺祖而旁殺者也同父至親期同祖為從大功同曾祖為再從小功同高祖為三從緦麻此殺兄弟而旁殺者也父為子期兄弟之子宜九月不九月而期者以其猶子而進之也

從兄弟之子小功再從兄弟之子緦麻此發子而旁殺者也祖爲孫大功兄弟之孫小功從兄弟之孫緦麻此發孫而旁殺者也蓋服有加也有報也有降也祖之齊衰世叔從子之期皆加也曾孫之三月與兄弟之孫五月皆報也若夫降有四品則非五服之正也覌于九族之訓如喪考妣之文而知宗族之名服紀之數蓋前乎二帝而有之矣後魏孝文太和中詔延四廟之子下逮玄孫之冑申宗宴于皇信堂不以爵秩爲列悉序昭穆爲次用家人之礼此猶古聖人睦族之意而推之者也

舜典

古時堯典舜典本合爲一篇故月正元日格于文祖之後

而岳四之咨必称舜曰者以别于上文之帝也至其命禹始称帝曰問答之辭已明則無嫌也

惠迪吉從逆凶

善惡報應之說聖人嘗言之矣大禹言惠迪吉從逆凶惟景響湯言天道福善禍淫伊尹言惟上帝不常作善降之百祥作不善降之百殃又言惟吉凶不僭在人惟天降災祥在德孔子言積善之家必有餘慶積不善之家必有餘殃豈真有上帝司其禍福如道家所謂天神察人善惡釋氏所謂地獄果報者哉善與不善一氣之相感如水之流溼火之就燥不期然而然無不感也無不應也此蓋子所謂志壹則動氣而詩所云天之牖民如壎如篪如璋如

圭如取如攜者也其有不應則如夏之寒冬之燠得于一日之偶逢而非四時之正氣也故曰誠者天之道也若曰有鬼神司之屑屑焉如人間官長之為則報應之至近者反推而之遠矣

懋遷有無化居

懋遷有無化居化者貨也古化貨二字多通用史記仲尼弟子傳與時轉貨貲索隱曰家語貨作化運而不積則謂之化留而不散則謂之貨唐虞之世曰化而已至殷人始以貨名仲虺有不殖貨利之言三風有殉于貨色之儆而盤庚之誥則曰不肩好貨于是移化之字為化生化成之化而厚斂之君發財之主多不化之物矣

舜作南風之歌所謂勸之以九歌者也左傳文八年郤缺言九功之德皆可歌也謂之九歌謂之然後知解吾民之愠者必在乎阜吾民之財而自阜其財乃以來天下之愠

三江

北江今之楊子江也中江今之吴淞江也東道北會為匯蓋指固城石臼湖等不言南江而以三江見之南江今之錢塘江也本郭璞說禹貢該括衆流無独遺浙江之理而會稽又他日合諸侯計功之地也特以施功少故不言于道水爾三江既入一事也震澤底定又一事也後之解書者必謂三江之皆繇震澤以二句相蒙為文而其說始紛紜矣程大昌曰弱水既西涇屬渭汭必謂既之一語為起下文則弱水未西其能越秦隴而亂涇渭乎可謂解頤之論

錫土姓

今日之天下人人無土人人有姓盖自錫土之法廢而唐宋以下帝王之裔儕于庶人無世守之固錫姓之法廢而魏齊以下夷狄之種亂于中國無猾夏之防春秋傳言允姓之姦居于瓜州盖古者分北三苗之意後之鄙儒讀禹貢而不知其義者多矣

厥弟五人

夏商之世天子之子其封國而為公侯者不見於經以太康之尸位而有厥弟五人使其並建茅土為國屏翰羿何至篡夏哉富辰言周公弔二叔之不咸故封建親戚以蕃屏周杜氏解曰弔傷也咸同也周公傷夏殷之叔世疏其親戚以至滅亡故廣封其兄弟而少康封其庶子于會稽以奉守禹祀二十餘世至于越之句踐卒

覇諸侯有禹之遺烈夫亦監于太康孤立之禍而然歟若乃孔子所謂大道既隱天下為家各親其親各子其子者亦從此而可知之矣

惟彼陶唐有此冀方

堯舜禹皆都河北故曰冀方至太康始失河北而五子御其母以從之于是僑國河南再傳至相卒為浞所滅古之天子失其故都未有能國者也周失豐鎬而平王以東晋失雒諱陽宋失開封而元帝高宗遷于江左遂以不振惟殷之五遷圮于河而非敵人之窺伺則勢不同爾唐自玄宗以後天子屢嘗出狩乃未幾而復國者以不棄長安也故子儀回鑾之表代宗垂泣宗澤還京之奏忠義歸心嗚

呼幸而浇之縱欲不為民心所附少康乃得以一旅之衆而誅之爾後之人主不幸失其都邑而為與復之計者其念之哉

夏之都本在安邑太康畋于洛（諱闕）表而羿距于河則冀方之地入于羿矣惟河之東與南為夏所有至后相失國依于二斟於是使浇用師殺斟灌（在今壽光縣）以伐斟鄩（在今濰縣）而相遂滅（左傳哀元年）乃處浇于過（今掖縣）以制東方處豷于戈（杜氏解在宋鄭之間）以控南國（襄四年）其時靡奔有鬲（今在平縣）德在河之東少康奔有虞（今虞城縣）在河之南而自河以內無不安于亂賊者矣今魏絳伍員二人之言可以觀當日之形勢而少康之所以布德兆謀者亦难乎其為力矣（竹書謂太康元年即居斟鄩非也）

十有二月乃商人建丑以為歲首之月也

古之天子常居冀州後人因之遂以冀州為中國之號楚辭九歌覽冀州兮有餘淮南子女媧氏殺黑龍以濟冀州路史云中國總謂之冀州穀梁傳曰桓五年鄭同姓之國也在乎冀州正義曰冀州者天下之中州唐虞夏殷皆都焉以鄭近王畿故舉冀州以為說

胤征

羲和尸官慢天也葛伯不祀忘祖也至于動六師之誅興鄰國之伐古之聖人其敬天尊祖也至矣故王制天子巡守其削絀諸侯必先于不敬不孝

惟元祀十有二月

惟元祀十有二月乙丑元祀者太甲之元年十有二月者建子之月蓋湯之崩必以前年之十二月也殷練而祔伊

未見三代以前歲首改時

尹祠于先王奉嗣王祗見厥祖祔湯于廟也非朔者祔先廟無定日君祔廟而後嗣子即位故成之為王而伊尹乃明言烈祖之成德以訓于王也若自桐帰亳以三祀之十二月者則適當其時而非有所取爾

即位者即先君之位也未祔則事死如生位猶先君之位也故祔廟而後嗣子即位殷練而祔即位必在期年之後周卒哭而祔故踰年斷即位矣如魯成公以八月薨十二月葬襄公以明年正月即位有不待葬而即位如魯之文公成公者其礼之末失乎三年喪畢而後踐天子位舜也禹也練而祔、而即位殷也踰年正月即位周也世變愈下而柩前即位為後代之通礼矣

西伯戡黎

以關中并天下者必先于得河東秦取三晉而後滅燕齊符氏取晉陽而後滅燕宇文氏取晉陽而後滅齊故西伯戡黎而殷人恐矣

少師

古之官有職異而名同者大師少師是也比干之為少師周官所謂三孤也論語之少師陽則樂官之佐而周礼謂之小師者也故史記言紂之將亡其大師疵少陽師彊抱其樂器奔周而後儒之傳誤以為微子也周本紀曰漢書古今人表亦有大師疵少師彊

殷紂之所以亡

自古國家承平日久法制廢弛而上之令不能行于下未有不亡者也紂以不仁而亡天下人人知之吾謂不盡然紂之為君沈湎于酒而逞一時之威至于刳孕剒脛蓋齊文宣之比耳商之衰也久矣一變而盤庚之書則卿大夫不從君令再變而微子之書則小民不畏國法至于攘竊神祇之犧牷牲用以容將食無災可謂民玩其上而威刑不立者矣史記燕王喜遺樂閒書曰紂之時民志不入獄因自出紂卽以中主守之猶不能保而况以紂之狂酗昏虐又祖伊奔告而不省乎文宣之惡未必減于紂而齊以彊高緯之惡未必甚于文宣而齊以亡者文宣承神武之餘紀綱粗立而又有楊愔輩為之佐主昏于上而政清于下也至高緯而國法蕩然矣

嗚呼 崇禎先帝以聖主而失天下在此乎

故宇文得而取之然則論紂之亡武之興而謂之至仁伐至不仁者偏辭也未得爲窮源之論也

武王伐紂

武王伐商殺紂而立其子武庚宗廟不毀社稷不遷時殷未嘗亡也所以異乎曩日者不朝諸侯不有天下而已故書序言三監及淮夷叛周公相成王將黜殷作大誥又言成王既黜殷命殺武庚荀子言周公殺管叔虚殷国註虚謂爲墟謂殺武庚遷殷頑民于雒邑朝歌爲墟也是則殷之亡其天下也在紂之自燔而亡其國也在武庚之見殺蓋武庚之存殷者猶十有餘年使武庚不畔則殷其不黜矣

武王克商天下大定烈（列）土奠国乃不以其故都封周之臣

而仍以封武庚，降在侯國，而猶得守先人之故土（蔡仲之命曰：乃致辟管叔于商。武庚未殺，猶謂之商）。武王無富天下之心，而不以畔逆之事疑其子孫，所以異乎後世之篡弑其君者，于此可見矣。及武庚既畔，乃命微子啓代殷，而必于宋焉，謂大火之祀商人是因，弗遷其地也。是以知古聖王之征誅也，取天下而不取其國，誅其君，弔其民，而存其先世之宗祀焉，斯已矣（高誘淮南子注曰：天子不滅國，諸侯不滅姓，古之政也）。武王豈不知商之臣民其不願為周者，皆故都之人，公族世家之所萃，流風善政之所存，一有不靖，易為搖動，而必以封其遺胄，蓋不以畔逆疑其子孫，而明告萬世以取天下者無滅國之義也。故宋公朝周，則曰臣也；周人待之，則曰客也；自天下言之，則侯服于周也自其國人言之則以商之臣事商之君無変于其初也平王以下去微子之世遠矣而曰孝恵娶于商左氏哀二十四年傳曰天之棄商久矣僖二十二年傳曰利以伐姜不利子商哀九年傳吾是以知宋之得為商也國語吳王夫差闕為深溝通于商魯之間莊子商太宰蕩問仁于莊子韓非子子圍見孔子于商太宰商太宰使少庶子之市逸周書王會篇堂下之左商公夏公立焉樂記商者五帝之遺聲也商人識之故謂之商鄭氏註曰商宋詩也盖自武庚誅而宋復封于是商人曉然知武王周公之心而君臣上下各止其所無復有怨懟不平之意與後世之人主一戰取人之國而毀其宗庙遷其重器者異矣樂記曰投殷之後于宋此本之呂氏春秋乃戰国時人之妄言以武王下車即封微子更誤

或曰遷頑民于雒邑何與曰以頑民為商俗靡靡之民者

先儒解誤也蓋古先王之用兵也不殺而待人也仁東征之役其誅者事主一人武庚而已謀主一人管叔而已下此而囚下此而降下此而遷而所謂頑民者皆畔逆之徒也無連坐并誅之法而又不可以復置之殷都是不得不遷而又原其心不忍棄之四裔故于雒邑又不忍斥言其畔故止曰頑民其與乎畔而遷者大抵皆商之世臣大族而其不與乎畔而留于殷者如祝佗所謂分康叔以殷民七族陶氏施氏繁氏錡氏樊氏饑氏終葵氏是也非盡一國而遷之也或曰何以知其為畔黨也曰以召公之言讎民知之不畔何以言讎非敵百姓也古聖王無與一國為讎者也

澤文之鴟尉陀书

上古以來無殺君之事也湯之于桀也放之而已使紂不自焚武王未必不以湯之所以待桀者待紂〻而自焚也此武王之不幸也當時八百諸侯雖竝有除殘之志然一聞其君之見殺則天下之人亦且恫疑震駭而不能無帰過于武王此伯夷所以斥言其暴也及其反商之政封殷之後人而無利于其土地焉天下于是知武王之兵非得已也然後乃安于紂之亡而不以為周師之過故箕子之歌怨狡童而已無餘恨焉非伯夷親而箕子疎又非武王始暴而終仁也其時異也

多士之書惟三月周公初于新邑洛闕諱用告商王士曰非我小國敢弋殷命亡國之民而號之商王士新朝之主而

自称我小國以天下為公而不沒其旧日之名分殷人以此中心悅而誠服卜世三十卜年八百其始基之矣

泰誓

商之德澤深矣天地莫非其有也一民莫非其臣也武王伐紂乃曰獨夫受洪惟作威乃汝世讎曰雖予小子誕以爾衆士殄殲乃讎何至于此紂之不善亦止其身乃至并其先世而讎之豈非泰誓之文出於魏晉間人之僞撰者邪蔡氏曰泰誓武成一篇之中似非盡出一人之口又引吳氏言疑其書之晚出或非盡當時之本文蓋已見及乎此特以註家之體未敢直言其僞耳

朕夢協朕卜襲于休祥戎商必克伐君大事而託之乎夢其誰信之殆即呂氏春秋載夷齊之言謂武王揚夢以說

衆者也左傳昭七年衛史朝之言曰筮襲于夢武王所用也是當時已有此語

孟子引書王曰無畏寧爾也非敵百姓也若崩厥角稽首今改之曰罔或無畏寧執非敵百姓懍懍若崩厥角後儒雖曲為之說而不可過矣

百姓有過在予一人

百姓有過在予一人凡百姓之不有康食不虞天性不迪率典皆我一人之責今我當順民心以誅無道也蔡氏謂民皆有責于我似為紆曲

王朝步自周

武成王朝步自周于征伐商召誥王朝步自周則至于豐畢命王朝步自宗周至于豐不敢乘車而步出國門敬之

至也（馬氏曰豊文王廟所在鄭氏以爲出廟入廟皆步行今按書言步自周則不但于廟也雍録以爲步行二十五里又太遠）則後之人君驕恣惰佚于是有輦而行國中坐而見羣臣非先王之制矣（皇帝輦出房見于漢書叔孫通傳乃秦儀也）呂氏春秋出則以輿入則以輦務以自佚命之曰招蹷之機（枚乘七發本此作蹷痿之机）宋呂大防言前代人主在宮禁之中亦乘輿輦祖宗皆步自內庭出御前殿此勤身之法也（周煇清波雜志）

太祖實録吳元年上以諸子年長宜習勤勞使不驕惰命內侍製麻屨行縢每出城稍遠則馬行其二步趨其一至于先帝亦嘗步禱南郊嗚呼皇祖之訓矣

太王王季

中庸言武王末受命周公成文武之德追王大王王季大傳言武王于牧之野既事而退遂率天下諸侯執豆籩逡奔走追王大王亶父王季歷文王昌二說不同今按武成言丁未祀于周廟而其告庶邦冢君稱大王王季金縢之冊祝曰若爾三王是武王之時已追王大王王季而中庸之言未為得也緜之詩上稱古公亶父下稱文王是古公未上尊號之先文已稱王而大傳之言未為得也仁山金氏曰武王舉兵之日已稱王矣故類于上帝行天子之礼而稱有道曾孫周王發必非史臣追書之辭後之儒者乃嫌聖人之事而文之非也然文王之王與大王王季之王自不同時而追王大王王季必不在周公踐祚之後疑武王末

克商先已追尊文王史記伯夷傳西伯卒武王載木主號為文王東伐紂

彝倫

彝倫者天地人之常道如下所謂五行五事八政五紀皇極三德稽疑庶徵五福六極皆在其中不止孟子之言人倫而已能盡其性以至能盡人之性盡物之性則可以賛天地之化育而彝倫叙矣

龜從筮逆

古人求神之道不止一端故卜筮並用而終以龜為主周礼簭人言凡國之大事先簭而後卜註當用卜者先簭之即事有漸也于簭之凶則止不卜然而洪範有龜從筮逆者則知古人固不拘乎此也大卜掌三兆之法其経兆之

體皆百有二十其頌皆千有二百故傳曰筮短龜長左傳晉獻
公將以驪姬為夫人卜之不吉筮之吉卜人曰筮短龜長
不如從長註物生而後有象象而後有滋滋而後有數龜
象筮數故象長數短曲礼正義曰凡物初生則有象去初
既近且包羅萬形故為長數是終末去初既遠推尋事數
始能求象以為短也故自漢以下文帝代来猶有大横之兆藝文志
有龜書五十三卷夏龜二十六卷南龜書二十八卷巨龜
三十六卷雜龜十六卷而後則無聞唐之李華遂有廢龜
之論矣舊唐書

周公居東

主少國疑周公又出居于外而上下寧安無腹心之患者
二公之力也武王之誓衆曰予有亂臣十人同心同德于
此見之矣荀子曰二公仁智且不蔽故能持周公而名利

福禄與周公齊

微子之命

微子之於周蓋受國而不受爵受国以存先王之祀不受爵以示不為臣之節故終身称微子也孔子書傳曰微畿内国名子爵也微子卒立其弟衍是為微仲衍之継其兄継宋非継微也而称微仲者何犹微子之心也至于衍之子稽則遠矣于是始称宋公嗚呼吾于洪範之書言十有三祀微子之命以其舊爵名篇而知武王周公之仁不奪人之所守也後之経生不知此義而抱器之臣倒戈之士接迹于天下矣

酒誥

酒為天之降命亦為天之降威紂以酗酒而亡文王以不

腆于酒而興〻亡之幾其原皆在于酒則所以保天命而畏天威者後人不可不謹矣

召誥

古者吉行日五十里故召公營洛乙未自周戊申朝至于洛凡十有四日師行日三十里故武王伐紂癸巳自周戊午師渡孟津凡二十有五日漢書以為三十一日誤

元子

微子之命以微子為殷王元子召誥則又以紂為元子曰皇天上帝改厥元子茲大國殷之命又曰有王雖小元子哉人君為之天子故仁人之事天如事親

其稽我古人之德

傳說之告高宗曰學于古訓乃有獲武王之誥康叔既祗遹乃文考而又求之殷先哲王又求之商耇成人又別求之古先哲王太保之戒成王先之以稽我古人之德而後進之以稽謀自天及成王之作周官亦曰學古入官曰不學牆面子曰述而不作信而好古又曰好古敏以求之又曰君子以多識前言往行以畜其德先聖後聖其揆一也不學古而欲稽天豈非不耕而求穫乎

節性

降衷于下民若有恒性此性善之說所自出也節性惟日其邁此性相近之說所自出也豈弟君子俾爾彌爾性似先公酋矣命也有性焉君子不謂命也

汝其敬識百辟享

人主坐明堂而臨九牧，不但察羣心之向背，亦當知四國之忠姦。故嘉禾同穎，羙候服之宣風；底貢厥獒，戒明王之慎德。所謂敬識百辟享也。昔者唐明皇之致理也，受張相千秋之鏡，聽元生于蔿之歌，亦能以謇諤為珠璣，以仁賢為器幣。及乎王心一蕩，佞諛日崇，開廣運之潭，致江南之一貨，廣陵銅器，京口綾衫，錦纜牙檣，彌亘數里，龍粧鮮服，和者百人，乃未幾而薊門之亂作矣。然則韋堅、王鉷之徒，剥民以奉其君者，皆不役志于享者也。易曰：公用享于天子，小人弗克。明皇者，豈非享多儀而民曰不享者哉？

惟爾王家我適

朝覲者不之殷而之周訟獄者不之殷而之周于是周為天子而殷為侯服矣此之謂惟爾王家我適

王來自奄

多方之誥曰惟五月丁亥王來自奄而多士王曰昔朕來自奄是多方當在多士之前後人倒其篇第耳元儒王柏論亦同此但更置太多未敢信奄之叛周是武庚既誅而俱遂與淮夷徐戎並興而周公東征乃至于三年之久孟子曰伐奄三年討其君是也伐奄成王時事上言相武王因誅紂而連言之耳既克而成王踐奄蓋行巡狩之事書序成王既踐奄將遷其君于蒲姑是也多方篇云周公曰王若曰是周公尚未遷殷而王已踐奄矣孔傳以為奄再叛者拘于篇之先後而強為之說至于再至于三當從蔡氏說

建官惟百

成王作周官之書謂唐虞稽古建官惟百而夏商官倍者時代不逮其多寡何若此之懸絶哉且天下之事一職之微至于委吏乘田亦不可闕而謂二帝之世遂能以百官該内外之務吾不敢信也考之傳註亦第以為因時制宜而莫詳其實吾以為唐虞之官不止于百而其咨而命之者二十有二人其餘九官之佐殳斨伯與朱虎熊羆之倫暨侍御僕從以至州十有二師外薄四海咸建五長以名達于天子者不過百人而已其他則穆王之命所謂慎簡乃僚而天子不親其黜陟者也故曰堯舜之知而不徧物急先務也堯舜之仁不徧愛人急親賢也夏商之世法日

詳而人主之職日侵于下其命于天子者多故倍也觀于立政之書内至于亞旅外至于表臣百司而夷微盧烝三亳阪尹之官又虞夏之所未有則可知矣杜氏通典言漢初王侯國百官皆如漢朝惟丞相命于天子其御史大夫以下皆自置及景帝懲吴楚之亂殺其制度罷御史大夫以下官至武帝又詔九王侯吏職秩二千石者不得擅補其州郡佐吏自别駕長史以下皆刺史太守自補歴代因而不革洎北齊武平中後主失政多有佞幸乃賜其賣官分占州郡下及鄉官多降中旨故有勑用州主簿郡功曹者自是之後州郡辟士之權浸移于朝廷以故外吏不得精覈繇此起矣故刘炫對牛弘以為大小之官悉繇吏部

此政之所以日繁而沈既濟之議欲令六品以下及僚佐之屬許州府辟用（唐書百官志曰初太宗省內外官定制為七百三十員曰吾以此待天下賢才足矣）後之人見周礼一書設官之多職事之密以為周之所以致治者如此而不知宅乃事宅乃牧宅乃準之外文王罔敢知也然則周之制雖詳而意猶不異于唐虞矣求治之君其可以天子而預銓曹之事哉

司空

司空孔傳謂主國空土以居民未必然顏師古曰空穴也古人穴居主穿土為穴以居人也（見漢書百官公卿表註此語必有所本）易傳云上古穴居而野處詩云古公亶父陶復陶穴未有家室今河東之人尚多有穴居者（今人謂之窯即古陶字莊子言逃虛空虛空即今人

所謂冷竈也洪水之後莫急于奠民居故伯禹作司空為九官之首

顧命

讀顧命之篇見成王初喪之際康王與其羣臣皆吉服而無哀痛之辭以召公畢公之賢反不及子産叔向誠為可疑再四讀之知其中有脫簡不言殯禮知是闕文豈有新居已朝諸侯而成王尚未殯史官畧無一言記及者乎而狄設黼扆綴衣以下即當屬之康王之誥伏生本以顧命康王之誥合為一篇自此以上記成王顧命登遐之事自此以下記明年正月上日康王即位朝諸侯之事也古之人君於即位之禮重矣故即位于庙受命于先王祭畢而朝羣臣羣臣布幣而見然後成之為君春秋之于魯公即位

脫簡二字淺薄我心向讀尚書至此不勝輕駭安思康王之儀注全是召畢諸公酌贊和繼文武成王周公之後乃禮樂大

簡之時只孟子時及焚坑之後有所遺漏今得此册漢儒解釋亦不補入集傳之中尊古可訂閲古文後人多以意更易口實也

則書不卽位則不書蓋有遭時之变而不行此礼如莊閔僖三公者矣康王當太平之時為繼体之主而史録其儀文訓告以為一代之大法此書之所以傳也記曰未没喪不称若而今書曰王麻冕黼裳是踰年之君也又曰周卒哭而祔而今曰諸侯出廟門俟是已祔之後記曰卒哭曰成事是日也以吉祭易喪祭傳言天子七月而葬同軌畢至而今太保率西方諸侯畢公率東方諸侯是七月之餘也因其中有脱簡而後之説書者並以繫之越七日癸酉之下所以生後儒之論而不思初崩七日之間諸侯何緣而畢至乎蘇氏亦知其不通而以為問疾之諸侯或曰易吉可乎曰此周公所制之礼也以宗庙為重而不敢亾服以接乎神釋三年之喪以盡斯須之敬

舜攝位已久堯雖未崩義兼人君之養三年喪畢舜乃避位仍致不敢謂舜禹早避位於丹朱至諒陰之中正可良總己以聽于冢宰之

此義之所在而天子之守與士庶不同者也商書有之矣惟元祀十有二月乙丑伊尹祠于先王奉嗣王祗見厥祖豈以喪服而入廟哉漢書孝文紀元年冬十月辛亥皇帝見于高廟蓋猶循此制傳賢之世天下可以無君故堯崩三年之喪畢舜避堯之子于南河之南傳子之世天下不可無君故惟元祀十有二月乙丑伊尹祠于先王奉嗣王祗見厥祖

自狄設黼扆綴衣以下皆陳之朝者也設四席者朝羣臣聽政事養國老燕親屬皆新天子之所有事而非事亾之說也自王麻冕黼裳以下皆廟中之事也自王出在應門之內以下則康王臨朝之事也

周之末世固有不待葬而先見廟者矣左傳昭二十二年

时空得併改郎
此一證更遠

夏四月乙丑王崩于滎錡氏五月庚辰見王六月丁巳葬景王其日見王者見王子猛于先王之廟也不待期而見王猛不待期而葬景王則以子朝之爭國也然不言即位但曰見王而已孰謂成康無事之時而行此变礼哉

書之脱簡多矣如武成之篇蔡氏以為尚有闕文洛（諱闕下同）誥戊辰王在新邑則王之至洛可知乃二公至洛並詳其月日而王不書金氏以為其間必有闕文盖伏生老而忘之耳然則顧命之脱簡又何疑哉孔子有言若非有司失其傳則武王之志荒矣余于顧命敢引之以斷千載之疑

矯虔

説文矯从矢揉箭也故有用力之義漢書孝武紀註引常

昭曰稱詐為矯強取為虔周語註以詐用法曰矯

罔中于信以覆詛盟

國亂無政小民有情而不得申有冤而不見理于是不得不愬之于神而詛盟之事起矣蘇公遇暴公之譖則出此三物以詛爾斯屈原遭子蘭之讒則告五帝以折中命咎繇而聽直至于里巷之人亦莫不然而鬼神之往来于人間者亦或著其靈爽于是賞罰之柄乃移之冥漠之中而蚩〻之氓其畏王鈇常不如其畏鬼責矣乃世之君子猶有所取焉以輔王政之窮今日所傳地獄之說感應之書皆苗民詛盟之餘習也明〻棐常鰥寡無蓋則王政行于上而人自不復有求于神故曰有道之世其鬼不神所謂

服 按古惟有篆文𠬝 變楷而稱服篆作服

絕地天通者如此而已矣

文侯之命

竹書紀年幽王三年嬖褒姒五年王世子宜臼出奔申八年王立褒姒之子伯盤字右服字與盤字相近而誤為太子九年申侯聘西戎及鄫十年王師伐申十一年申人鄫人及犬戎入周弒王及王子伯盤申侯魯侯許男鄭子立宜臼于申虢公翰立王子余臣于攜周二王竝立平王元年王東徙雒邑晉侯會衛侯鄭伯秦伯以師從王入于成周二十一年晉文侯殺王子余臣于攜左傳昭二十六年王子朝告諸侯之辭曰攜王奸命諸侯替之而建王嗣杜氏以攜王為伯服蓋失之不考然則文侯之命報其立己之功而望之以殺攜王之效也鄭公子蘭之從晉文公而東也請無

與國鄭晉人許之今平王既立于申申國在今信陽州自申遷于雒邑而復使周人為之戍申竹書紀年平王三十三年楚人侵申三十六年王人戍申則申侯之伐幽王之弒不可謂非出于平王之志者矣當日諸侯但知其冢嗣為當立而不察其與聞乎弒為可誅虢公之立王子余臣或有見乎此也自文侯用師替攜王以除其偪而平王之位定矣後之人徒以成敗論而不察其故遂謂平王能繼文武之緒而惜其棄岐豐七百里之地豈能為當日之情者哉孔子生于二百年之後蓋有所不忍言而録文侯之命于書録揚之水之篇于詩其旨微矣葛藟詩序謂平王棄其九族似亦未可盡非古今人表以平王申侯与幽王褒姒虢石父同列下〻

傳言平王東遷蓋周之臣子美其名爾綜其實不然凡言

遷者自彼而之此之辭盤庚遷于殷是也幽王之亡宗廟社稷以及典章文物蕩然皆盡鎬京之地已為戎狄之居平王乃自申東保于雒天子之國與諸侯無異而又有攜王與之頡頏並為人主者二十年其得存周之祀幸矣而望其中興哉如東晋元帝不可謂之迁于建康

秦誓

有秦誓故列秦誓有秦詩故録秦詩述而不作也謂夫子逆知天下之將并于秦而存之者邵子說小之乎知聖人矣秦穆公之盛僅覇西戎未嘗為中國盟主無論齊桓晉文即亦不敢望楚之靈王吳之夫差合諸侯而制天下之柄春秋以後秦蓋中衰吳顏穎萊曰秦之興始于孝公之用

商鞅成于惠王之取巴蜀蠶食六國并吞二周戰國之秦也非春秋之秦也其去夫子之卒也久矣自獲麟之歲以至始皇滅六国并天下二百六十年夫子惡知周之必并于秦哉若所云後世男子自稱秦始皇入我房顛倒我衣裳至沙丘而亡者近于圖澄寶誌之流非所以言孔子矣

甘誓天子之事也胤征諸侯之事也兹存之見諸侯之事可以繼天子也費誓秦誓之存猶是也

古文尚書

漢時尚書今文與古文為二而古文又自有二漢書藝文志曰尚書古文經四十六卷為五十七篇師古曰孔安國書序云凡五十九篇為四十六卷承詔作傳引序各冠其

篇首定五十八篇鄭玄敘贊云後又亡其一篇故五十七
又曰經二十九卷大小夏侯二家歐陽經三十二卷〔歐陽生字和伯史失其名夏侯勝々兄子建皆傳伏生尚書〕師古曰此二十九卷伏生傳授
者〔內秦誓非伏生所傳師古并言之詳見下〕此今文與古文為二也又曰古文
尚書者出孔子壁中武帝末魯共王壞孔子宅欲以廣其
宮而得古文尚書及礼記論語孝經凡數十篇皆古字也
共王往入其宅聞鼓琴瑟鐘磬之音于是懼乃止不壞孔
安國者孔子後也悉得其書以考二十九篇得多十六篇
〔師古曰見行世二十九篇之外更得十六篇〕安國獻之遭巫蠱事未列于學官
劉向以中古文〔師古曰中者夫子之書也〕較〔諦〕歐陽大小夏侯三家經
文酒誥脫簡一召誥脫簡二率簡二十五字者脫亦二十

五字簡二十二字者脫亦二十二字文字異者七百有餘
脫字數十志自云此所述者本之劉歆七畧不知中古文即安国所献否及王莽末遭赤眉之乱焚燒無
遺儒林傳曰孔氏有古文尚書孔安國以今文字讀之因
以起其家逸書得十餘篇蓋尚書滋多于是矣言此為最多者明張
霸加之以百二篇為偽遭巫蠱未立于學官安國為諫大夫授都尉
朝都尉朝授膠東庸生庸生授清河胡常少子又傳左氏
常授虢徐敖又傳毛詩授王璜平陵塗惲子真子真授河
南桑欽君長王莽時諸學皆立傳末又言平帝時立左氏春秋毛詩逸礼古文尚書
而後漢書十四博士無之蓋光武時廢劉歆為國師璜惲等皆貴顯言刘歆者哀帝
時歆移書太常博士欲立此諸家之斈礼也又曰世所傳百兩篇者出東萊張
霸分析合二十九篇以為數十或分析之或合之又采左氏傳書

叙為作首尾九二百篇、或數簡文意淺陋成帝時求其古文者霸以能為百兩徵以中書較諦之非是此又孔氏古文典張霸之書為二也後漢書儒林傳曰孔僖魯國魯人也自安國以下世傳古文尚書又曰扶風杜林傳古文尚書林同郡賈逵為之作訓賈逵傳肅宗好古文尚書詔逵撰歐陽大小夏侯尚書古文同異為三卷帝善之馬融作傳鄭玄注解繇是古文尚書遂顯于世又曰建初中詔高才生受古文尚書毛詩穀梁左氏春秋雖不立學官然皆擢高第為講郎給事近署然則孔僖所受之安國者竟無其傳而杜林賈逵馬融鄭玄則不見安國之傳而為之作訓作傳作注解此則孔鄭之學又當為二而無可考矣劉陶傳曰陶明尚書春秋為之訓詁推三家尚書及古人見正文字三百餘事名曰中文尚書結用今文古文之中漢末之亂無傳若馬融注古文尚書十卷鄭玄注古文尚書九巻則見于旧唐書藝文志又有王肅范寗李顒姜道成注古文尚書新唐書作姜道盛開元之時尚有其書而未嘗亡也按陸氏釋文言馬鄭所注二十九篇則亦不過伏生所傳之二十八一堯典并舜典慎徽以下為一篇二臯陶謨并益稷為一篇三禹貢四甘誓五湯誓六盤庚七高宗肜日八西伯戩黎九微子十牧誓十一洪範十二金縢十三大誥十四康誥十五酒誥十六梓材十七召誥十八洛誥十九多士二十無逸二十一君奭二十二多方二十三立政二十四頑命并康王之誥為一篇二十五呂刑二十六文侯之命二十七費誓二十八泰誓而泰誓别得之民間合之為二十九孔氏正義曰史記及漢書儒林傳云伏生獨得二十九篇以教齊魯然泰誓非伏生所得按馬融云泰誓後得鄭玄書論亦云民間得泰誓别録曰武帝末民有得泰誓書于壁内者獻之則泰誓非伏生所傳而言二十九篇者以司馬遷在武

帝之世見泰誓出而得行入于伏生所傳內故為史揔之云伏生所出不復曲別分析其實得時不與伏生所傳同也且非今之泰誓有白魚入于王舟等語董仲舒对策引之其所謂得多十六篇者不與於其間也隋書經籍志曰馬融鄭玄所傳唯二十九篇又雜以今文非孔舊書自餘絕無所說正義曰鄭氏書于伏生所傳之外增益二十四篇舜典一汨作二九工九篇十一大禹謨十二益稷十三五子之歌十四胤征十五湯誥十六載有一德十七典寶十八伊訓十九肆命二十原命二十一武成二十二旅獒二十三冏命二十四以一篇為一卷九共九篇合為一卷通十六卷以合于漢藝之志得多十六篇之數此即張霸之徒所作偽書也　典旧唐書所載卷目不同晉世秘府所存有古文尚書經文今無有傳者及永嘉之亂歐陽大小夏侯尚書並亡至東晉豫章內史梅賾始得安國之傳上之正義引晉書云太保鄭冲以古文授扶風蘇愉愉授天水梁柳柳授城陽臧曹曹授汝南梅賾賾遂上其書又云其書亡失舜典一篇此書東京以下諸儒皆不曾見鄭玄注礼記常昭

注国語杜預注左氏趙岐注孟子凡引此書文並注王逸書增多二十五篇大禹謨一五子之歌
二胤征三仲虺之誥四湯誥五伊訓六太甲三篇九咸有一德十説命三篇十三泰誓三篇十六武成十七旅獒十
八微子之命十九蔡仲之命二十周官二十一君陳二十二畢命二十三君牙二十四冏命二十五以合
于伏生之二十八篇而去其偽泰誓必分舜典益稷盤庚
中下康王之誥各自為篇則為今之五十八篇矣其舜典
亡闕取王肅本慎徽以下之傳續之陸氏釋文云梅賾上孔氏傳古文尚書亡
舜典一篇時以王肅注頗類孔氏故取王註從慎徽五典以下為舜典以續孔傳齊明帝建武四
年有姚方興者于大航頭得本有曰若稽古帝舜以下二
十八字獻之朝議咸以為非及江陵板蕩其文北入中原
學者異之刘炫遂以列諸本第然則合之尚書其今文古
文皆有之三十三篇固雜取伏生安國之文而二十五篇

之出于梅賾舜典二十八字之出于姚方興又合而一之孟子曰盡信書則不如無書于今日益驗之矣竊疑古時有堯典無舜典有夏書無虞書而堯典亦夏書也孟子引二十有八載放勳乃徂落而謂之堯典則序之別為舜典者非矣左氏傳莊公八年引皐陶邁種德僖公二十四年引地平天成二十七年引賦敷納以言文公七年引戒之用休襄公五年引成允成功二十一年二十三年兩引念茲在茲二十六年引與其殺不辜寧失不經哀公六年引允出茲在茲十八年引官占惟先蔽志國語周內史過引衆非元后何戴后非衆罔與守邦而皆謂之夏書則後之目為虞書者贅矣正義言馬融鄭玄王肅別錄題皆曰虞夏書以虞夏同科何

則記此書者必出于夏之史臣雖傳之自唐而潤色成文不無待乎後人者故篇首言曰若稽古以古爲言明非當日之記也世更三聖事同一家以夏之臣追記二帝之事不謂之夏書而何夫惟以夏之臣而追記二帝事則言堯可以見舜不若後人之史每帝立一本紀而後爲全書也帝曰來禹汝亦昌言承上文臯陶所陳一時之言也王出在應門之内承上文諸矦出廟門俟一時之事也序分爲兩篇者妄也

書序

益都孫寶侗仲愚謂書序爲後人僞作逸書之名亦多不典至如左氏傳定四年祝佗告萇弘其言魯也曰命以伯

禽而封于少皞之虚其言衛也曰命以康誥而封于殷虚其言晋也曰命以唐誥而封于夏虚是則伯禽之命康誥唐誥周書之三篇而孔子所必録也今獨康誥存而二書亡為書序者不知其篇名而不列于百篇之内疏漏顯然是則不但書序可疑并百篇之名亦未可信矣其解命以伯禽為書名伯禽之命尤為切當今録其説

正義曰尚書遭秦而亡漢初不知篇數武帝時有大常蓼侯孔臧者安國之從兄也與安國書云時人惟聞尚書二十八篇取象二十八宿謂為信然不知其有百篇也今考傳記引書並無序所亡四十二篇之文則此篇名亦未可盡信也

豐熙僞尚書

五經得于秦火之餘其中固不能無錯誤學者不幸而生乎二千餘載之後信古而闕疑乃其分也近世之説經者莫病乎好異以其説之異于人而不足以取信于是舍本經之訓詁而求之諸子百家之書猶未足也則舍近代之文而求之遠古又不足則舍中國之文而求之四海之外如豐熙之古書正本尤可怪焉鄞人言出其子坊僞撰又有子貢詩傳後儒往〻惑之曰箕子朝鮮本者箕子封于朝鮮傳書古文自帝典至微子止後附洪範一篇曰徐市倭國本者徐市爲秦博士因李斯坑殺儒生託言入海求仙盡載古書至島上立倭國郎今日本是也二國所譯書其曾大父河南布政使慶

録得之以藏于家按宋歐陽永叔日本刀歌徐福行時書未焚逸書百篇今尚存盖昔時已有是説而葉少藴固已疑之夫詩人寄興之詞豈必真有其事哉日本之戝貢于唐久矣自唐及宋歷代求書之詔不能得而二千載之後慶乃得之其得之又不以獻之朝廷而藏之家何也宋咸平中日本僧奝然以鄭康成註孝經来獻不言有尚書至曰箕子傳書古文自帝典至微子則不應别無一篇逸書而一一盡同于伏生孔安國之所傳其曰附後洪範一篇者盖徒見左氏傳三引洪範皆謂之商書文公五年引沈漸剛克高明柔克成公六年引三人占從二人襄公三年引無偏無黨王道蕩蕩正義曰箕子商人所説故謂之商書而不知王者周人之稱十有三者周史之記不得為商人之書也禹貢以道山道水移于九

州之前此不知古人先經後緯之義也孔安国傳道岍及岐即云更理說所海山川首尾所在是自漢以来別無異文史記夏本紀亦先九州而後道山道水五子之歌為人上者柰何不敬以其不叶而改之曰可不敬乎謂本之鴻都石經據正義言蔡邕所書石經尚書止今文三十四篇無五子之歌熙又何以不考而妄言之也五子之歌乃孔氏古文東晉豫章内史梅賾所上故左傳成公十六年引怨豈在明不見是圖哀公六年引惟彼陶唐有此冀方杜預註以為逸書国語周單襄公引民可近也而不可上也單穆公引関石龢均王府則有常昭解亦以為逸書夫天子失官學在四夷使果有殘編斷簡可以裨經文而助聖道固君子之所求之而惟恐不得者也若乃無益于経而徒為異以惑人則其于學也亦謂之異端而已愚因歎夫昔之君子遵乎経文雖章句先後之間猶不敢輒改故元行

冲奉明皇之旨用魏徵所註類礼撰為疏義成書上進而
為張說所駮謂章句隔絶有乖舊本竟不得立于學官夫
礼記二戴所録非夫子所刪況其篇目之次元無深義而
魏徵所註則又本之孫炎字叔然漢末人以累代名儒之作申之
以詔旨而不能奪經生之所守蓋唐人之于經傳其嚴也
如此故啖助之于春秋卓越三家多有獨得而史氏猶譏
其一本所承自用名學謂後生詭辯為助所階乃近代之
人其于讀經鹵莽滅裂不及昔人遠甚又無先儒為之據
依而師心妄作刊傳記未已也進而議聖經矣更章句未
已也進而改文字矣此陸游所致慨于宋人陸務觀曰唐及国初斈者
不敢議孔安国鄭康成况聖人乎自慶曆後諸儒發明經
旨非前人所及然排繫辭毀周礼疑孟子譏書之胤征顧

命不離于議經況傳記乎趙汝談至謂洪範非箕子之作而今且彌甚徐防有言今不依章句妄生穿鑿以遵師為非義意說為得理輕侮道術寖以成俗嗚呼此學者所宜深戒若豊熙之徒又不足論也近有謂得朝鮮本尚書于洪範八政之末添多五十二字者按元王惲中堂事記中統二年高麗世子禃來朝宴于中書省問曰傳聞汝邦有古文尚書及海外異書答曰與中国書不殊是知此五十二字者亦偽撰也

漢東萊張霸偽造尚書百二篇以中書較諱之非是霸辭受父父有弟子尉氏樊竝詔存其書後樊竝謀反乃黜其書而偽逸書嘉禾篇有周公奉鬯立于阼階延登贊曰假王莅政之語莽遂依之以稱居攝是知惑世誣民乃犯上作亂之漸大學之教禁于未發者其必先之矣

日知録卷之三

詩有入樂不入樂之分

鼓鐘之詩曰以雅以南子曰雅頌各得其所夫二南也豳之七月也小雅正十六篇大雅正十八篇（詩譜小雅十六篇大雅十八篇為正經）頌也詩之入樂者也邶以下十二國之附于二南之後而謂之風鴟鴞以下六篇之附于豳而亦謂之豳六月以下五十八篇之附于小雅民勞以下十三篇之附于大雅而謂之变雅詩之不入樂者也（釋文曰從六月至無羊十四篇是宣王之变小雅從節南山至何草不黄四十四篇前儒申公毛公皆以為幽王之变小雅從民勞至桑柔五篇是厲王之变大雅從雲漢至常武六篇是宣王之变大雅瞻卬及召旻二篇是幽王之变大雅　正義曰变者雖亦播于樂或無筭之節所用或隨事類而歌又在制礼之後樂不常用今按以变雅而播之于樂如衛獻公使大師歌巧言之卒章是也）

樂記子夏對魏文侯曰鄭音好濫淫志宋音燕女溺志衛音趨數煩志齊音敖辟喬志此四者皆淫于色而害于德是以祭祀弗用也朱子曰二南正風房中之樂也鄉樂也二雅之正雅朝廷之樂也商周之頌宗廟之樂也至變雅則衰周鄉士之作以言時政之得失而邶鄘以下則太師所陳以觀民風者耳非宗廟燕享之所用也但据程大昌之辯則二南自謂之南而別立正風之目者非大昌字泰之孝宗時人著詩論一十七篇朱子當日或未見

四詩

周南召南南也非風也豳謂之豳詩亦謂之雅亦謂之頌據周礼籥章而非風也南豳雅頌為四詩而列國之風附焉此

詩之本序也宋程大昌詩論謂無国風之目然礼記王制言命太師陳詩以觀民風即謂自邶至曹十二國為風無害

孔子刪詩

孔子刪詩所以存列國之風也有善有不善兼而存之猶古之太師陳詩以觀民風而季札聽之以知其國之興衰正以二者之竝陳故可以觀可以聽世非二帝時非上古固不能使四方之風有貞而無淫有治而無亂也文王之化被于南國而北鄙殺伐之聲文王不能化也使其詩尚存而入夫子之刪必將存南音以繫文王之風存北音以繫紂之風而不容于沒一也是以桑中之篇溱洧之作夫子不刪志淫風也叔于田為譽服之辭揚之水椒聊為從

沃之語夫子不刪著亂本也淫奔之詩録之不一而止者所以志其風之甚也一國皆淫而中有不衰者烏則亟録之將仲子畏人言也女曰雞鳴相警以勤生也出其東門不慕乎色也衡門不願外也選其辭比其音去其煩且濫者此夫子之所謂刪也後之拘儒不達此旨乃謂淫奔之作不當録于聖人之經是何異唐太子弘謂商臣弑君不當載于春秋之策乎唐書高宗諸子傳 黄氏日抄云國風之用于燕饗者惟二南而列国之風未嘗被之樂也夫子之所言正者雅頌而未及乎風也桑中之詩明言淫奔東萊呂氏乃為之諱而指為雅音失之矣真希元文章正宗其所選詩一掃千古之陋歸之正旨然病其以理為宗不得詩人之趣且如古詩十九首雖非一人之作而漢代之風畧具乎此今以希元之所刪者

讀之不如飲美酒被服紈與素何以異乎唐詩山有樞之篇良人惟古歡枉駕惠前綏蓋亦邶詩雄雉于飛之義牽牛織女意仿大東兔絲女蘿情同車舝十九作中無甚優劣必以防淫正俗之旨嚴為繩削雖矯昭明之枉恐失國風之義六代浮華固當芟落使徐庾不得為人陳隋不得為代無乃太甚豈非執理之過乎

何彼襛矣

山堂考索載林氏曰二南之詩雖大槩美詩亦有刺詩不徒西周之詩而東周亦與焉據何彼襛矣之詩可知矣其曰平王之孫齊侯之子考春秋莊公元年書王姬歸於齊此乃桓王女平王孫下嫁于齊襄公非平王孫齊侯子而

何洪氏容齋五筆曰春秋莊公元年當周莊王之四年齊襄公之五年書王姬歸于齊莊公十一年當莊王之十四年齊桓公之三年又書王姬歸于齊莊王為平王之孫則所嫁王姬當是姊妹齊侯之子即襄公桓公二者必居一于此矣說者必欲以為西周之詩于時未有平王乃以平為平正之王齊為齊一之侯與書言寧王同義此妄也毛氏傳平正也武王女文王孫適齊侯之子按成王時齊侯則大公而以武王之女適其子是甥舅為婚周之盛時必無此事逮成王顧命丁公始見于經而去武王三十餘年又必無未笄之女矣據詩人欲言其人之子孫則必直言之如稱衛莊姜則曰齊侯之子衛侯之妻東宮之妹邢侯之姨美韓侯取妻則曰汾王之甥蹶父之子又何疑乎且其詩刺詩也以王姬徒有容色之盛而無肅雝之德何以使人化之故曰何彼襛矣唐棣諱闕之華曷不肅雝王姬之車詩人若曰言其容色固如唐棣矣然王

姬之車胡不肅雝乎是譏之也按此說桓王女平王孫則是其曰刺詩于義未允盖詩自邶鄘以訖于檜曹皆太師之所陳者也其中有美有刺若二南之詩則用之為燕樂用之為鄉樂用之為射樂用之為房中樂而鼓鐘之卒章所謂以雅以南春秋傳所謂象箾南籥文王世子所謂胥鼓南者也安得有刺此亡東周之後其詩可以存二南之遺音而聖人附之于篇者也且自平王之東周德日以衰矣麦禾之取繻葛之戦幾無以令于兄弟之國且莊王之世魯衛晋鄭日以多故于是王姬下嫁以樹援于強大之齊尋盟府之墜言継昏姻之夙好且其下嫁之時猶能修周之旧典而容色之盛礼節之備有可取焉聖人安得不

録之以示興周道于東方之意乎春秋襄十五年書刘夏逆王后于齊亦此意蓋東周以後之詩得附二南者惟此一篇而已後之儒者乃疑之為是紛紛之説是烏知聖人之意哉或曰詩之所言但称其容色何也曰古者婦有四徳而容其一也言其容則徳可知矣説苑引書五事一曰貌貌者男子之所以恭敬婦人之所以姣好也故碩人之詩美其君夫人者至無所不極其形容而野麕之貞亦云有女如玉即唐人為妃主碑文亦多有譽其姿色者洪氏隷釋載郭輔碑云有四男三女咸高賢姣孋漢魏間人作已如此豈若宋代以下之人以此為諱而不道乎夫婦人倫之本昏姻王道之大下嫁于齊甥舅之國太公之後先王以周礼治諸侯之本也詩之得附于南者以此舍是則東周以後事無可称而民間之

謠刺皆屬之王風矣况二南之與民風其来自别宣王之世未嘗無雅則平王以下豈遂無南或者此詩之舊附于南而夫子不删要亦不異乎嚮者之說也何彼穠矣以莊王之事而附于召南其與文侯之命以平王之事而附于書一也

邶鄘衛

邶鄘衛本三監之地自康叔之封未久而統乎衛矣采詩者猶存其舊名謂之邶鄘衛漢書地理志河内本殷之旧都周既滅殷分其畿内為三国詩風邶鄘衛国是也邶以封紂子武庚鄘管叔尹之衛蔡叔尹之以監殷民謂之三監故書序曰武王崩王監畔周公誅之盡以其地封弟康叔號曰孟侯以夾輔周室遷邶鄘之民于雒邑故邶鄘衛三國之詩相與同風邶鄘衛者總名也不當分某篇為邶某篇為鄘某篇為衛分

而為三者漢儒之誤以此詩之簡獨多故分三名以各冠之而非夫子之舊也觀小雅六笙詩毛公頗有升降黍離之篇毛公以為王齊詩以為衛則知今詩之次序多出于漢儒也新序黍離衛宣公之子壽閔其兄而作考之左氏傳襄公二十九年季札觀樂于魯為之歌邶鄘衛曰美哉淵乎憂而不困者也吾聞衛康叔武公之德如是是其衛風乎而襄公三十一年北宮文子之言引衛詩曰威儀棣棣諱闕不可選也此詩今為邶之首篇乃不曰邶而曰衛是知累言之則曰邶鄘衛專言之則曰衛一也猶之言殷商言荊楚云爾意者西周之時故有邶鄘之詩及幽王之亡而軼之而大師之職猶不敢廢其名乎然名雖舊而辭則今矣若據漢書言迁邶鄘之民于雒邑則成王之世已無邶鄘

邶鄘之亡久矣，故大師但有其名，而三國同風，無非衛人之作。檜左傳作鄶之亡未久，而詩尚存，故別于鄭而各自為風。匪風之篇，其西周未亡之日乎？曰誰將西歸，是鎬京尚存。故鄭氏譜以為當夷王厲王之時。蘇氏以檜詩皆為鄭作，非也。

邶鄘衛三國也，非三監也。殷之時邦畿千里，周則分之為三。今其相距不過百餘里，如地理志所言，于百里之間而立此三監，又并武庚而為一監，皆非也。宋陳傅良止齋集荅黃文叔書以為自荆以南蔡叔監之，管叔河南，霍叔河北。蔡故蔡國，管則管城，霍則所謂霍太山也，其縣地廣，不得為邶鄘衛也。

黎許二國

許無風而載馳之詩録于鄘黎無風而式微旄丘之詩録于邶聖人闡幽之旨興滅之心也

諸姑伯姊

泉水之詩其曰諸姬猶碩人之庶姜古之釆媵而爲姪娣者必皆同姓之國其年之長幼序之昭穆則不可知也故有諸姑伯姊之稱猶礼之言伯父伯兄也貴爲小君而能謙以下其衆妾此所謂其君之袂不如其娣者也

王事

王事適我政事一埤益我凡交于大國朝聘會盟征伐之事謂之王事左傳襄公二十九年鄭子展曰詩云王事靡盬不遑啓處東西南北誰敢寧処堅事晉楚以蕃王言也王事無曠何常之有喪大記曰既葬與人立君言王事不言國事又曰君既葬王政入于國既卒哭而

服事王其國之事謂之政事

朝隮于西

朝隮于西崇朝其雨朱子引周礼十煇註以隮為虹是也謂不終朝而雨止則未然諺曰東虹晴西虹雨其雨雨也者盖虹蜺雜乱之交無論雨晴而皆非天地之正氣楚襄王登雲夢之臺望高唐之觀所謂朝雲者也

王

邶鄘衛王列國之名其始于成康之世乎惟周王撫萬方巡侯甸而大師陳詩以觀民風其采于商之故都者則繫之邶鄘衛其采于東都者則繫之王王名亦周初大師之本馬永卿述元城刘先生之言亦謂邶鄘衛本商之畿内故序王之上其采于列國者則各繫之其國

此論是孔子未逮者不作在此亦係詩也一部春秋當此作修

至驪山之禍先王之詩率已闕軼而孔子所録者皆平王以後之詩此变風之所繇名也詩雖变而大師之本名則不敢变此十二國之所以猶存其旧也先儒謂王之名不當儕于列國而謂之説曰列黍離于國風齊王德于邦君晋范甯春秋穀梁傳序誤矣

自幽王以上大師所陳之詩亡矣春秋時君卿大夫之賦詩無及之者此孔子之所不得見也是故詩無正風二南豳也小大雅也皆西周之詩也至于幽王而止惟何彼襛矣爲平王以後之詩其餘十二國風則東周之詩也王者之迹熄而詩亡西周之詩亡也詩亡而列國之事迹不可得而見於是晋之乘楚之檮杌魯之春秋出焉是之謂詩亡然後春

秋作也周頌西周之詩也魯頌東周之詩也成康之世魯豈無詩而今亦已無矣故曰詩亡列国之詩亡也其作于天子之邦者以雅以南以豳以頌則固未嘗亡也

日之夕矣

雞棲于塒日之夕矣羊牛不下來此君子當歸之時也至是而不歸如之何勿思也

君子以嚮晦入宴息日之夕矣而不來則其婦思之矣朝出而晚歸則其母望之矣列女傳夜居于外則其友弔之矣檀弓於文日夕為退說文繫傳是以樽罍無卜夜之賓衢路有宵行之禁故曰見星而行者惟罪人與奔父母之喪者乎曾子問至于酒德衰而酣身長夜官邪作而昏夜乞哀天地之

氣乖而晦明之節乱也

大車

豈不爾思畏子不敢民免而無耻也雖速我訟亦不女從有耻且格也

鄭

自邶至曹皆周初大師之次序先邶鄘衛殷之故都也次之以王周東都也何以知其為周初之次序邶鄘也晋而謂之唐也皆西周之旧也惟鄭乃宣王所封中興之後始立其名于太師而列于諸國之先者鄭亦王畿之内也故次于王也桓公之時其詩不存故首緇衣也

楚吴諸國無詩

孔子刪詩亦刪其僭
雖[illegible]豈
[illegible]其國之詩[illegible]
刪之[illegible]

吳楚之無詩以其僭王而夷之與非也太師之本無也楚之先熊繹辟在荊山篳路籃縷以處草莽惟是桃弧棘矢以共禦王事而周無分器左氏昭公十二年傳岐陽之盟楚為荊蠻置茅蕝設望表與鮮牟守燎而不與盟譜是亦無詩之可稱矣况于吳自壽夢以前未通中國者乎滕薛之無詩徵也若乃虢鄶皆為鄭滅而虢独無詩陳蔡皆列春秋之會盟而蔡獨無詩有司失其傳爾

豳

自周南至豳統謂之國風此先儒之誤程泰之辯之詳矣豳詩不屬于國風周世之國無豳此非大師所采周公追王業之始作為七月之詩兼雅頌之聲而用之祈穀之事

周礼籥章逆暑迎寒則歙豳詩祈年于田祖則歙豳雅祭蜡則歙豳頌雪山王氏曰此一詩而三用也謂籥章之豳詩以鼓鍾琴瑟四器之声合籥也笙師歙竽笙塤籥簫篪篴管舂牘應雅凡十二器以雅器之声今籥也眡瞭播鼗擊頌磬笙磬凡四器以頌器之声合籥也凡為樂器以十有二律為之數度以十有二声為之齊重凡和樂亦如之此用七月一詩待以其器和聲有不同爾鴟鴞以下或周公之作或為周公而作則皆附于豳為雖不以合樂然與二南同為有周盛時之詩非東周以後列國之風也故他無可附

言私其豵

雨我公田遂及我私先公而後私也言私其豵獻豜于公先私而後公也自天下為家各親其親各子其子而人之有私固情之所不能免矣故先王弗為之禁非惟弗禁且

今日有公而無私然後世之所以有私而無公也

從而恤之建國親侯胙土命氏畫井分田合天下之私以成天下之公此所以為王政也至于當官之訓則曰以公滅私然而祿足以代其耕田足以供其祭使之無將毋之嗟室人之謫又所以恤其私也此義不明久矣世之君子必曰有公而無私此後代之美言非先王之至訓矣

承筐是將

君子不親貨賄束帛戔戔實諸筐篚非惟盡飾之道亦所以遠財而養恥也萬曆以后士大夫交際多用白金乃猶封諸書冊之間進自閽人之手今則親呈坐上徑出懷中交收不假他人茶話無非此物衣冠而為囊橐之寄朝廷而有市井之容若乃拾遺金而對管寧倚被囊而酬溫嶠

曾無媿色了不關情固其宜也然則先王制為筐篚之文者豈非禁于未然之前而示人以遠財之義者乎此以坊民民猶輕礼而重貨

罄無不宜

罄無不宜宜室宜家宜兄弟宜子孫宜民人也吉蠲為饎是用孝享禴祠烝嘗于公先王得萬國之懽心以事其先王也

民之質矣日用飲食

民之質矣日用飲食夫使机智日生而姦僞萌起上下且不相安神奚自而降福乎有起信險膚之族則高后崇降弗祥有譸張為幻之民則嗣王罔或克壽是故有道之世

人醇工龐高樸女童上下皆有嘉德而至治馨香感于神明矣然則祈天永命之實必在于觀民而斷雕為樸其道何繇則必以厚生為本

羣黎庶人也百姓百官也民之質矣兼百官與庶人而言猶曰人之生也直也

小人所腓

小人所腓古制一車甲士三人步卒七十二人炊家子十人固守衣裝五人廐養五人樵汲五人見司馬法隨車而動如足之腓也傳曰腓辟也箋曰腓當作芘皆未是步乘相資短長相衛行止相扶此所以為節制之師也繻葛之戰鄭原繁高渠彌以中軍奉公為魚麗之陳先偏後伍伍乘彌縫卒不隨車遇闕

郎補斯已異矣古時營陳遇缺處乃以車補周礼車僕掌闕車之萃註闕車所用補闕之車也左傳宣公十二年楚子使潘黨率游闕四十乘註游車補闕者大鹵之師魏舒請毁車以爲行五乘爲三伍註乘車者車三人五乘十五人今改去車更以五人爲伍分爲三伍爲五陳以相離兩于前伍于後專爲右角參爲左角偏爲前拒專任步卒以取捷速然亦必山林險阻之地而後可用也步不當騎于是趙武靈王爲胡服騎射之令而後世因遂所以取勝于敵者益輕益速而一敗塗地亦無以自保然後知車戰之爲謀遠矣

終春秋二百四十二年車戰之時未有斬首至于累萬者車戰廢而首功興矣先王之用兵服之而已不期於多殺也殺人之中又有礼焉以此毒天下而民從之不亦宜乎

車戰利于平壤不利於險阻以之禦敵則可步便以之攻敵則宜

宋沈括對神宗言車戰之利見于歷世然古人所謂兵車者輕車也五御折旋利于捷速今之民間輜車重大日不能三十里故世謂之太平車但可施于無事日耳

變雅

六月采芑車攻吉日宣王中興之作何以為變雅乎采芑傳曰言周室之強車服之美也言其強美斯劣矣正義曰名生于不足觀夫鹿鳴以下諸篇其于君臣兄弟朋友之間無不曲當而未嘗有夸大之辭大雅之稱文武皆本其敬天勤民之意至其言伐商之功盛矣大矣不過曰會朝清明而止然宣王之詩不有侈于前人者乎如韓奕之篇尤侈一傳而周遂亡嗚呼此太子晉所以謂自我先王厲宣幽平而貪天禍

固不待汚水之憂祈父之刺而後見之也

太原

薄伐玁狁至于太原毛鄭皆不詳其地其以為今太原陽曲縣者始于朱子呂氏讀詩記嚴氏詩緝並云而愚未敢信也古之言太原者多矣若此詩則必先求涇陽所在而後太原可得而明也漢書地理志安定郡有涇陽縣开頭山在西禹貢涇水所出後漢書靈帝紀段熲破先零羌于涇陽註涇陽縣屬安定在原州郡縣志原州平涼縣本漢涇陽縣地今縣西四十里涇陽故城是也然則太原當即今之平涼而後魏立為原州亦是取古太原之名爾唐書原州平涼郡治平高廣德元年没吐番節度使馬璘表置行原州于灵臺之百里城貞元十九年徙治平涼元和三年又徙治臨涇太中三年收復

關隴歸治平高計周人之樂玁狁必在涇原之間若晉陽之太原在大河之東距周京千五百里豈有寇從西來兵乃東出者乎故曰天子命我城彼朔方而國語宣王料民于太原亦以其地近邊而為禦戎之備必不料之于晉國也又按漢書賈捐之言秦地南不過閩越北不過太原而天下潰畔亦是平凉而非晉陽也漢武帝始開朔方郡故秦但有隴西北地上郡而止若晉陽之太原則其外有雁門雲中九原不得言不過也若書禹貢既修太原至于岳陽春秋晉荀吳帥師敗狄于太原及子產对叔向宣汾洮障大澤以處太原則是今之晉陽而豈可以晉之太原為周之太原乎司馬相如上林賦布濩閎澤延蔓太原阮籍東平賦長風振厲蕭條太原高平曰原蓋古人之通稱也

吾讀竹書紀年而知周之世有戎禍也蓋始于穆王之征犬戎六師西指無不率服于是遷戎于太原十七年以黷武之兵而為從戎之事懿孝之世戎車屢征至夷王七年虢公帥師伐太原之戎至于俞泉獲馬千匹則是昔日所内徙者今為寇而征之也宣王之世雖號中興三十三年王師伐太原之戎不克三十八年伐條戎奔戎王師敗逋三十九年伐羌戎戰于千畝王師敗逋四十年料民于太原其于後漢西羌之叛大略相似幽王六年命伯士帥師伐六濟之戎王師敗逋漢後書西羌傳並用此嚴尤以為周得中策蓋不考之言于是關中之地戎得以整居其間而陝東之申侯至與之結盟而入寇自迁戎至沈一百七十六年口周語申繒西戎方強王室方騷蓋宣王之世其患

如漢之安帝也幽王之世其患如晉之懷帝也戎之所繇来非一日之故而三川之震壓孤之謠皆適會其時者也然則宣王之功計亦不過唐之宣宗而周人之美宣亦猶魯人之頌僖也事劣而文侈矣書不盡言是以論其世也如毛公者豈非獨見其情于意言之表者哉竹書紀年自共和以後多可信蓋不必有所傳其前則好事者為之耳

蕘言自口

蕘言箴言也若鄭享趙孟而伯有賦鶉奔之詩是也君子在官言官在府言府在庫言庫在朝言朝狎侮之態不及于小人謔浪之辭不加于妃妾自世尚通方人安媟慢来王登牆之見淳于滅燭之歡遂乃告諸君王傳之文字忘

其譏論著為美談以至執女手之言發自臨喪之際原壤齧
妃脣之詠宣于侍宴之餘郭舍人于是搖頭而舞八風祝欽明
連臂而歌萬歲閻知微去人倫無君子而國命隨之矣
臧孫紇見衛侯于郲退而告其人曰衛侯其不得入矣其
言糞土也亡而不變何以復國以糞土爲其言猶詩之莠
言也

皇父

王室方騷人心危懼皇父以柄國之大臣而營邑于向左傳
隱十一年解軹縣西有地名向上在今濟源縣界于是三有事之多藏者隨之而
去矣庶民之有車馬者隨之而去矣蓋亦知西戎之已偪
而王室之將傾也以鄭桓公之賢且寄孥于虢鄶則其時

之國勢可知然不顧君臣之義而先去以為民望則皇父實為之首昔晉之王衍見中原已亂乃說東海王越以弟澄為荊州族弟敦為青州謂之曰荊州有江漢之固青州有負海之險卿二人在外而吾留此足以為三窟矣鄙夫之心亦千載而符合者乎

握粟出卜

古時用錢未廣詩書皆無貨泉之文而問卜者亦用粟漢初猶然史記日者傳卜而有不審不見奪糈

私人之子百僚是試

孔氏曰私人皁隸之屬也天下有道小德役大德小賢役大賢故貴有常尊賤有等威所以辨上下而定民志也周

之衰也政以賄成而官之師旅不勝其富左氏襄公十年傳又其甚也私人之子皆得進而服官而文武周公之法盡矣候人而赤芾曹是以亡不狩而縣貆魏是則削賤妨貴小加大古人列之六逆又不但仍叔之子譏其年弱尹氏之姍刺其材瑣而已自古國家吏道雜而多端未有不趨于危亂者舉賢才慎名器豈非人主之所宜兢兢自守者乎

不醉反耻

彼醉不臧不醉反耻所謂一國皆狂反以不狂者為狂也以箕子之忠而不敢對紂之失日韓非子況中材以下有不亡而效之者乎卿士師師非度此商之所以亡蘭芷變而不芳兮荃蕙化而為茅此楚之所以六千里而為讐人役

也是以聖王重特立之人而遠荀用之世保邦于未危必自此始

上天之載

上天之載無聲無臭儀刑文王萬邦作孚君子所以事天者如之何亦曰儀刑文王而已其儀刑文王也如之何為人君止於仁為人臣止于敬為人子止于孝為人父止于慈與國人交止于信而已

王欲玉女

民勞本召穆公諫王之辭乃託為王意以戒公卿百執事之人故曰王欲玉女是用大諫犹之轉予于恤而呼祈父從事不均而怨大夫所謂言之者無罪而聞之者足以戒

也豈亦盬謗之時疾威之日不敢指斥而為是言乎然而亂君之國無治臣爲至于我郎爾謀聽我囂囂則又不獨王之愎諫矣

夸毗

天之方懠無為夸毗釋訓曰夸毗體柔也後漢書崔駰傳註夸毗謂佞人足恭善為進退天下惟體柔之人常足以遺民憂而召天禍夏侯湛有云居位者以善身為靜以寡交為慎以弱斷為重以怯言為信抵疑白居易有云以拱默保位者為明智以柔順安身者為賢能以直言危行者為狂愚以中立守道者為凝滯故朝寡敢言之士庭鮮執咎之臣自國及家寖而成俗故父訓其子曰無介直以立仇敵兄教其弟曰無方正

以賈悔尤且慎默積于中則戕事廢于外強毅果斷之心
屈畏忌因循之性成反謂率戕而舉正者不達于時宜當
官而行法者不通于事變是以殿最之文雖書而不實黜
陟之典雖備而不行（長慶集葉）羅點有云無所可否則曰得體
與世浮沉則有曰量衆皆默己獨言則曰沽名衆皆濁己
獨清則曰立異（宋史本傳）观三子之言其于宋俗之敝可謂懇
切而詳盡矣至于佞諂日熾剛克消亡朝多沓沓之流士
保容容之禍苟由其道無變其俗必將使一國之人皆化
為巧言令色孔壬而後已然則喪乱之所從生豈不階于
夸毗之輩乎（樂天作故旋女詩曰天宝季年時欲变臣妾人人學圓轉）是以屈原疾楚
國之士謂之如脂如韋而孔子亦云吾未見剛者

流言以對

彊禦多懟即上章所云彊禦之臣也其心多所懟疾而獨窺人主之情深居禁中而好聞外事則假流言以中傷之若二叔之流言以間周公是也夫不根之言何地蔑有以斛律光之舊將而有百升明月之謡以裴度之元勳而有坦腹小兒之誦所謂流言以對者也如此則寇賊生乎内而怨詛興乎下矣郤宛之难進胙者莫不謗令尹所謂侯誰侯祝者也孔子疏采荅曰讒言之起由君數問小事于小人也可不慎哉

申伯

申伯宣王之元舅也立功于周而吉甫作崧諱闕高之誦其

孫女為幽王后無罪見黜申侯乃與犬戎攻殺幽王竹書紀年宣王四十一年王師敗于申則宣王之末申侯已叛乃未幾而為楚之所病戍申之詩作為當宣王之世周興而申以強當平王之世周衰而申以弱至莊王之世而申為楚縣矣左傳哀公十七年言楚文王縣申二甥之于周功罪不同而其所以自取如此宋左師之告華亥曰女喪而宗室于人何有人亦于女何有讀二詩者豈徒論二王之得失哉

德輶如毛

德輶如毛即輶車鸞鑣之輶言易舉也故曰一日克己復礼天下歸仁焉又曰有能一日用其力于仁矣乎我未見力不足者

韓城

水經注聖水逕方城縣故城北又東南逕韓城東詩溥彼韓城燕師所完王錫韓侯其追其貊奄受北國王肅曰今涿郡方城縣有韓侯城世謂寒號非也魏書地形志范陽郡方城縣有韓侯城　按史記燕世家易水東分為梁門今順天府固安縣有方城村即漢之方城縣也水經注亦云溫水逕良鄉縣之北界歷梁山南高梁水出焉是所謂奕奕梁山者矣舊說以韓國在同州韓城縣曹氏曰武王子初封于韓其時召襄公封于北燕實為司空王命以燕衆城之竊疑同州去燕二千餘里即令召公為司空掌邦土量地遠近興事任力亦當發民于近甸而已豈有役二千里外之人而為築

城者哉召伯營申亦曰因是謝人齊桓城邢不過宋曹三國而召誥庶殷攻位蔡氏以為此遷洛諱闕之民無役紂都之理此皆經中明證大全載朱子之言亦以此為不可曉況其追其貊乃東北之夷而蹶父之靡國不到亦似謂韓土在北陲之遠也人考王符潛夫論曰昔周宣王時有韓侯其國近燕故詩云普彼韓城燕師所完其後韓西亦姓韓為衛滿所伐遷居海中漢時去古未遠當有傳授今以水經注為定

按毛傳梁山韓城皆不言其地鄭氏箋乃云梁山今在馮翊夏陽西北韓姬姓之國也後為晉所滅故大夫韓氏以為邑名焉左傳富辰言邘晉應韓武之穆也竹書紀年平王十四年晉人滅韓按左傳僖公十五年晉侯及秦伯戰于韓上言涉河下言及韓人曰寇深矣是韓在河東亦非今之韓城也故杜氏解但云韓晉地文公

十年晉人伐秦取少梁始得今韓城之地蓋明戰于韓非此也至溥彼韓城燕師所完則鄭已自知其說之不通故訓燕為安而曰大矣彼韓國之城乃古平安時衆民之所築完惟王肅以梁山為涿郡方城縣之山而以燕為燕國孫毓亦云今于梁山則用鄭說于燕則用王說二者不可兼通而又巧立召公為司空之說可謂甚难而實非矣又其追其貊鄭以經傳說貊多是東夷故職方掌四夷九貉即字貊鄭志答趙商云九貉即九夷也又秋官貉隷註云征東北夷所獲而漢時所謂濊貊者皆在東北史記貨殖傳燕東綰穢貊朝鮮真番之利漢書武帝紀註服虔曰穢貊在辰韓之北高句麗沃沮之南東窮于大海因于箋末添二語云其後追也貊也為玁狁所逼稍稍東遷此又可見康成之不自安而迁就其說也

如山之苞如川之流

如山之苞營法也如川之流陳法也古之善用師者能為營而後能為陳故曰師出以律又曰不愆于四伐五伐六伐七伐乃止齊焉管子霸國之論謀且犹作內政以寄軍令使之耳目素習心志素定如山之不可動搖然後出而用之若決水于千仞之谿矣

不弔不祥

威儀之不類賢人之喪亡婦寺之專橫皆國之不祥而日月之眚山川之變鳥獸草木之妖其小者也傳曰人無釁焉妖不自作故孔子對哀公以老者不教幼者不學為俗之不祥家語荀子曰人有三不祥幼而不肯事長賤而不肯

事責不肖而不肯事賢是人之三不祥也而武王勝殷得二虜而問焉曰若國有妖乎一虜對曰吾國有妖晝見星而天雨血一虜對曰此則妖也非其大者也吾國之妖子不聽父弟不聽兄君令不行此妖之大者也武王避席再拜之呂氏春秋書載箕子之言亦曰乃罔畏畏弗其耇長旧有位人自余所逮見五六十年國俗民情舉如此矣不教不孝之徒滿于天下而一二稍有才智者皆少正卯鄧析之流是豈待三川竭而悲周岷山崩而憂漢哉書曰習與性成詩云如彼泉流無淪胥以敗識時之士所以引領于明王繫心于耇德也

駉

魯僖公儉以足用寬以愛民務農重穀而有坰牧之盛衛

文公大布之衣大帛之冠務材訓農通商惠工敬教勸學授方任能而有騋牝三千之多然則古之馬政皆本于田功也吾未見廐有肥馬野有餓莩而能國者也

實始翦商

太王當武丁祖甲之世殷道未衰何從有翦商之事僖公之世距太王已六百餘年作詩之人特本其王迹所基而侈言之耳猶秦誓之言命我文考肅將天威也猶康誥之言天乃大命文王殪戎殷也亦後人追言之也張子曰一日之間天命未絕猶是君臣

玄鳥

讀經傳之文終商之世無言祥瑞也而大戊之祥桑高宗

之雊雉惕于天之見妖而修德者有二焉則知監于夏王之矯誣上天而慄慄危懼蓋湯之家法也簡狄吞卵而生契不亦矯誣之甚乎毛氏傳曰玄鳥鳦也春分玄鳥降湯之先祖有娀氏女簡狄配高辛氏帝帝率與之祈于郊禖而生契故本其為天所命以玄鳥至而生焉可以破史遷之謬矣

敷奏其勇

敷奏其勇不震不動不戁不竦苟非大受之人驟而當天下之重任鮮不恐懼而失其守者此公孫丑所以有動心之問也升陑伐夏創未有之事而不疑可謂天錫之勇矣何以能之其上帝臨女無貳爾心之謂乎

湯武身之也學湯武之勇者宜何如震驚百里不喪匕鬯近之矣

魯頌商頌

詩之次序猶春秋之年月夫子因其旧文述而不作也頌者美盛德之形容以告宗廟魯之頌〻其君而已而列之周頌之後者魯人謂之頌也鄭氏曰襄公時季孫行父請命于周而史克作之然春秋列国卿大夫賦詩無及此四篇者世儒謂夫子尊魯而進之為頌是不然魯人謂之頌夫子安得不謂之頌乎為下不倍也春秋書公書郊禘亦同此義孟子曰其文則史不獨春秋也雖六經皆然今人以為聖人作書必有驚世絕俗之見此是以私心待聖人世人讀書如王介甫纔入貢院而一院之事

皆欲紛更宋史張方平傳此最學者之大病也

列國之風何以無魯大師陳之固曰魯詩不謂之頌矣孔子魯人也從魯而謂之為頌此如魯史之書公也然而泮水之文則固曰魯侯也

商何以在魯之後曰草廬吳氏嘗言之矣大師所職者當代之詩也商則先代之詩故次之周魯之後汲家周書伊尹朝獻商書附于王會解之後即其例也

詩序

詩之世次必不可信今詩亦未必皆孔子所正且如褒姒滅之幽王之詩也而次于前召伯營之宣王之詩也而次于後序者不得其説遂并棊茨信南山甫田大田瞻彼洛

諱闕矣裳裳者華桑扈鴛鴦魚藻采菽十詩皆為刺幽王之作恐不然也又如碩人莊姜初歸事也而次于後綠衣日月終風莊姜失位而作燕燕送歸妾作擊鼓國人怨州吁而作也而次于前（朱子日月傳曰此詩當在燕燕之前下篇放此）渭陽秦康公為太子時作也而次于後黃鳥穆公薨後事也而次于前此皆經有明文可據故鄭氏謂十月之交雨無正小旻小宛皆刺厲王之詩（十月之交有豔妻之云自當是幽王）漢興之初師移其第耳而左氏傳楚莊王之言曰武王作武其卒章曰耆定爾功其三曰敷時繹思我徂維求定其六曰綏萬邦屢豐年今詩但以耆定爾功一章為武而其三為賚其六為桓章次復相隔越儀礼歌召南三篇越草蟲而取采蘋正義以為

采蘋舊在草蟲之前知今日之詩已失古人之次此夫子所謂雅頌各得其所者矣

壬申五月二十一日重讀[illegible]

甲戌十二月二十一日再閱

日知録卷之四

魯之春秋

春秋不始于隱公晋韓宣子聘魯觀書于太史氏見易象與魯春秋曰周礼盡在魯矣吾乃今知周公之德與周之所以王也（左傳昭公二年）蓋必起自伯禽之封以洎于中世當周之盛朝覲會同征伐之事皆在焉故曰周礼而成之者古之良史也（孟子雖言詩亡然後春秋作然不應伯禽至孝公三百五十年全無紀載）自隱公以下世衰道微史失其官于是孔子懼而修之自惠公以上之文無所改焉所謂述而不作者也自隱公以下則孔子以己意修之所謂作春秋也然則自惠公以上之春秋固夫子所善而從之者也惜乎其書之不存也

春秋闕疑之書

孔子曰吾猶及史之闕文也史之闕文聖人不敢益也春秋桓公十七年冬十月朔日有食之傳曰不書日官失之也僖公十五年夏五月日有食之傳曰不書朔與日官失之也以聖人之明千歲之日至可坐而致豈難考歷布筭以補其闕而夫子不敢也況於史文之誤而無從取正者乎況于列國之事得之傳聞不登于史策者乎左氏之書成之者非一人録之者非一世可謂富矣而夫子當時未必見也史之所不書則雖聖人有所不知焉者且春秋魯國之史也即使歷聘之餘必聞其政遂可以百二十國之寶書增入本國之記注乎成公十三年公會諸侯伐秦下正義曰經文依史官策書策書

（所無故經文遂闕也傳文采于簡牘簡牘先有故傳文獨存也）若乃改葬惠公之類不書者舊史之所無也曹大夫宋大夫司馬司城之不名者闕也（齊崔氏出奔衛去名而書族宋殺其大夫山去族而書字疑皆前史之闕）鄭伯髡頑楚子麇齊侯陽生之實弑而書卒者傳聞不勝簡書是以從旧史之文也（卯氏曰赴以卒則卒赴以弑則弑〻而赴以卒其弑也傳聞云尔也傳聞不勝簡書是以書卒以待察也比之疑獄）左氏出于獲麟之後網羅浩博寔夫子之所未見乃后之儒者似謂已有此書夫子據而筆削之即左氏之解經于所不合者亦多曲為之説而經生之論遂以聖人所不知為諱是以新説愈多而是非靡定故今人李春秋之言皆郢書燕説而夫子之不能逆料者也子不云乎多聞闕疑慎言其餘豈特告子張乎修春秋之法亦不過此

春秋因魯史而修者也左氏傳采列國之史而作者也故所書晉事自文公主夏盟政交于中國則以列國之史參之而一從周正自惠公以前則間用夏正其不出于一人明矣其謂賵仲子為子氏未薨平王崩為赴以庚戌先壬戌十二日陳侯鮑卒為再赴似皆揣摩而為之說

三正

三正之名見于甘誓蘇氏以為自舜以前必有以建子建丑為正者其來尚矣微子之命曰統承先王修其礼物則知杞用夏正宋用殷正若朝覲會同則用周之正朔其于本國自用其先王之正朔也獨是晉為姬姓之國而用夏正則不可解三正之所以異者疑古之分國各有所故公劉當夏后之世而一之日二之日已用建子

為紀，晉之用寅，其亦承唐人之日與？舜典協時月正日，即協此不齊之時月。杜預春秋後序曰：晉太康中，汲縣人發其界内旧冢，得古書，皆簡編科斗文字，記晉國起自殤叔，次文侯、昭侯，以至曲沃莊伯。莊伯之十一年十一月，魯隱公之元年正月也，皆用夏正建寅之月為歲首編年。今考春秋僖公五年晉侯殺其世子申生，經書春而傳在上年之十二月；十年里克弒其君卓，經書正月而傳在上年之十一月；十一年晉殺其大夫丕鄭父，經書春而傳在上年之冬；十五年晉侯及秦伯戰于韓，獲晉侯，經書十有一月壬戌，而傳則為九月壬戌。經傳之文或從夏正，或從周正，所以錯互如此。羅泌以為傳據晉史，經則周曆。與史記漢元年冬十月五星聚東井乃秋七月之誤正同。僖公五年十二月丙子朔虢公醜奔京師而卜偃對獻公以為九月十月之交襄公三十年絳縣老人言臣生之歲正月甲子朔以長曆推之為魯文公十一年三月甲子朔此又晋人用夏正之見于傳者也

僖公二十四年冬晋侯夷吾卒杜氏註文公定位而後告夫不告文公之入傳曰秦伯納之不書不告入也而告惠公之薨以上年之事為今年之事新君入國之日反為舊君即世之年非人情也疑此經乃錯簡當在二十三年之冬傳曰九月晋惠公卒晋之九月周之冬也蓋懷公遣人來告

隱公六年冬宋人取長葛傳作秋劉原父曰左氏日月與經不同者丘明作書雜取當時諸侯史策之文其用三正

按三代改歲不改月各以三統之月為歲首然並春夏秋冬四時之序不易之之詳圖書編引據五經之文甚詳可晰

參差不一往往而迷故經所云冬傳謂之秋也考宋用殷正則建酉之月周以為冬宋以為秋矣

桓公七年夏穀伯綏來朝鄧侯吾離來朝傳作春劉原父曰傳所据者以夏正紀時也

文公十年齊公子商人弑其君舍經在九月傳作七月

隱公三年夏四月鄭祭足帥師取温之麥秋又取成周之禾若以為周正則麥禾皆未熟四年秋諸侯之師敗鄭徒兵取其禾而還亦在九月之上是夏正六月禾亦未熟註云取者蓋芟踐之終是可疑按傳中雜取三正多有錯誤左氏雖發其例于隱之元年曰春王周正月而閒有失于改定者文多事繁固著書之君子所不能免也

閏月

左氏傳文公元年于是閏三月非禮也襄公二十七年十一月乙亥朔日有食之辰在申司歷過也再失閏矣哀公十二年冬十二月螽仲尼曰今火猶西流司歷過也並是魯歷春秋時各國之歷亦自有不同者經特據魯歷書之耳史記秦宣公享国十二年初志閏月此各国歷法不同之一證成公十八年春王正月晉殺其大夫胥童傳在上年閏月上有十二月哀公十六年春王正月己卯衛世子蒯聵自戚入于衛衛侯輒來奔傳在上年閏月上有冬皆魯失閏之證杜以為從告非也史記周襄王二十六年閏三月而春秋非之則以魯歷為周歷非也平王東遷以後周朔之不頒久矣故漢書律歷

志六歷有黃帝顓頊夏殷周及魯歷其于左氏之言失閏皆謂魯歷蓋本劉歆之説五行志周衰天子不頒朔魯歷不正置閏不得其月月大小不得其度

王正月

廣川書䟦載晉姜鼎銘曰惟王十月乙亥集古録博古圖載此鼎並作王肒而論之曰聖人作春秋于歲首則書王説者謂謹始以正端今晉人作鼎而曰王十月是當時諸侯皆以尊王正為法不獨魯也李夢陽言今人往往有得秦權者亦有王正月字以是觀之春秋王正月必魯史本文也言王者所以別于夏殷並無他義劉原父以王之一字為聖人新意非也子曰述而不作信而好古亦于此見之博古圖載周仲偁父鼎銘

曰維王五月初吉丁亥齊侯鎛鐘銘曰維王五月辰在戊寅敔敦銘曰維王十月

趙伯循曰天子常以今年冬頒明年正朔于諸侯諸侯受之每月奉月朔甲子以告于廟所謂禀正朔也故曰王正月

左氏傳曰元年春王周正月此古人解經之善後人辨之累數百千言而未明者傳以一字盡之矣

未為天子則雖建子而不敢為之正武成惟一月壬辰是也傳一月周之正月猶豳詩言一之日已為天子則為之正而復加王以別于夏殷春秋王正月是也

春秋時月竝書

春秋時月竝書于古未之見考之尚書如泰誓十有三年

春大會于孟津金縢秋大熟未穫言時則不言月伊訓惟元祀十有二月乙丑太甲中惟三祀十有二月朔武成惟一月壬辰康誥惟三月哉生魄召誥三月惟丙午朏多士惟三月多方惟五月丁亥顧命惟四月哉生魄畢命惟十有二年六月庚午朏言月則不言時朱文公答林擇之亦有古史例不書時之說其他鐘鼎古文多如此春秋獨竝舉時月者以其為編年之史有時有月有日多是義例所存不容于闕一也或疑夫子特筆是不然旧史既以春秋為名自當書時且如隱公二年春公会戎于潜不容二年書春元年乃不書春是知謂以時冠月出于夫子者非也建子之月而書春此周人謂之春矣後漢書陳寵傳曰天正建子周以為春元熊朋来五經說曰陽生于子即為春

陰生于午即為秋此之謂天統

謂一為元

楊龜山答胡康侯書曰蒙録示春秋第一段義所謂元者仁也仁人心也春秋深明其用當自貴者始故治國先正其心其説似太支離矣恐改元初無此意此本之漢書董仲舒傳臣謹按春秋謂一元之意一者萬物之所從始也元者辭之所謂大也謂一為元者視太始而欲正本也三代正朔如忠質文之尚循環無端不可增損也斗綱之端連貫營室織女之紀指牽牛之初以紀日月故曰星紀五星起其初日月起其中其時為冬至其長為丑三代各據一統明三統常合而迭為首周環五行之道也周據天統以時言也商據地統以辰言也夏據人統以人事言也故三代

冬十月正見時月皆不改耶
改者惟以建子之月為歲首歟
朔耳 至于隕霜不以不書惟
殺菽所以書也

之時惟夏為正謂春秋以周正紀事是也正朔必自天子出改正朔恐聖人不為也若謂以夏時冠月如定公元年冬十月隕霜殺菽若以夏時言之則十月隕霜乃其時也不足為異周十月乃夏之八月若以夏時冠月當曰秋十月也熊朋来亦云若依夏時周月之説則正月二月須書冬而三月乃可書春尔

五代史漢本紀論曰人君即位称元年常事耳孔子未修春秋其前固已如此雖暴君昏主妄庸之史其記事先後遠近莫不以歲月一二数之乃理之自然也元吴萊本此作改元論其謂一為元蓋古人之語耳及後世曲李之士始謂孔子書元年為春秋大法遂以改元為重事徐無黨註曰古謂歲之一月亦不云一而曰正月國語言六呂曰元間大呂

正者正朔非正月

周易列六爻曰初九大抵古人言數多不云一不獨謂年為元也呂伯恭春秋講義曰命日以元虞典也書月正元日命祀以元商訓也惟元祀十有二月乙丑年紀日辰之首其謂之元蓋已久矣豈孔子作春秋而始名之哉說春秋者乃言春秋謂一為元殆欲深求經旨而反淺之也

改月

三代改月之證見于白虎通所引尚書大傳之言甚明其言曰夏以孟春月為正殷以季冬月為正周以仲冬月為正正即正月夏以十三月為正色尚黑以平旦為朔殷以十二月為正色尚白以雞鳴為朔周以十一月為正色尚赤以夜半為朔不以二月後為正者萬物不齊莫適所統故必

以三微之月也周以十一月為正即名正月不名十一月矣殷以十二月為正即名正月不名十二月矣夏以十三月為正即名正月不名十三月矣洪邁曰十三月者承十二月而言即正月也

胡氏引伊訓太甲十有二月之文以為商人不改月之證與孔傳不合亦未有明據伊訓惟元祀十有二月乙丑伊尹祠于先王傳曰湯崩踰月太甲即位奠殯而告太甲中惟三祀十有二月朔傳曰湯以元年十一月崩至此二十六月三年服闋未嘗以十二月為歲首

古改朔不改时與月之說誣也

胡氏又引秦人以亥為正不改時月為證則不然漢書高帝紀春正月註師古曰凡此諸月號皆太初正曆之後記事者追改之非當時本稱也以十月為歲首即謂十月為正月今比真正月當時謂之四月耳他皆類此叔孫通傳

師古之說拘閡不通記事者敢追改本朝之正朔且一追改時不傳矣

無雜必不錯誤矣

諸侯群臣朝十月師古曰漢時尚以十月為正月故行朝歳之礼史家追書十月漢元年冬十月五星聚東井當是建申之月劉攽曰按歷太白辰星去日率不過一兩次今十月而從歳星于東井無是理也然則五星以秦之十月聚東井耳秦之十月今七月日當在鶉尾故太白辰星得從歳星也按此足明記事之文皆是追改惟此一事失于追改遂以秦之十月為漢之十月耳夫以七月誤為十月正足以為秦人改月之證胡氏失之

天王

尚書之文但称王春秋則曰天王以當時楚呉徐越皆僭称王故加天以别之也趙子曰称天王以表無二尊也

邾儀

邾儀父之称字者附庸之君無爵可称若直書其名又非所以待鄰国之君也故字之詩序車鄰美秦仲也孔子曰秦仲以字配国者附庸未得

爵命無謚可称卑于子男而進于蛮夷之國郳犂来介葛盧書名與蕭叔朝此亦史家
公杜解叔名非也同一例也左氏曰貴之公羊曰褒之非矣
常例非旧史書邾克而夫子改之為儀父也
邾儀父称字附庸之君也郳犂来〻朝称名下矣介葛盧
来不言朝又下矣白狄来畧其君之名又下矣

仲子

隱公元年秋七月天王使宰咺来歸惠公仲子之賵曰惠
公仲子者惠公之母仲子也文公九年冬秦人来歸僖公
成風之禭曰僖公成風者僖公之母成風也猶晋簡文帝母會稽王太
妃鄭氏之称簡文宣太后國李明教滅穀梁傳曰母以子
肅所謂繫子為称兼明貴之所由者也
註妾不得体君故以子為氏
氏按妻不得体君儀礼傳文仲子者何惠公之母孝公

之妾也此説得之左氏以為桓公之母桓未立而以夫人之礼尊其母又未薨而賵皆遠于人情不可信（公羊亦以為桓公之母惠公之妾繫妾于君較之繫母于子義則短矣）所以然者以魯有兩仲子孝公之妾一仲子惠公之妾又一仲子（左氏哀公二十四年傳周公及武公娶于薛孝惠娶于商自桓以下娶于齊）而隱之夫人又是子氏二傳所聞不同故有紛〻之説

此亦魯史原文蓋魯有兩仲子不得不稱之曰惠公仲子也考仲子之宮不言惠公者承上文而累其辭也釋例曰婦人無外行于礼當繫夫之謚以明所屬如鄭武公娶于申曰武姜衛莊公娶于齊東宮得臣之妹曰莊姜是也妾不得体君不得已而繫之子仲子繫惠公而不得

繫于孝公成風繫僖公而不得繫于莊公抑所謂名不正則言不順者矣

春秋十二公夫人之見于經者桓夫人文姜莊夫人哀姜僖夫人聲姜宣夫人穆姜成夫人齊姜皆書薨書葬声姜不書逆不書至文公成公不書生文夫人出姜不書薨葬隱夫人子氏書薨不書葬昭夫人孟子變薨言卒不書葬不稱夫人其妾母之見于經者僖母成風宣母敬嬴襄母定姒昭母齊歸皆書薨書葬稱夫人小君惟哀母定似變薨言卒不稱夫人小君其他若隱母聲子桓母仲子閔母叔姜皆不見于經定母則經傳皆闕而所謂惠公仲子者惠公之母也

二年十有二月乙卯夫人子氏薨穀梁傳夫人者隱公之

妻也（左氏以為桓母，公羊以為隱母，並非）卒而不書葬夫人之義從君者也春秋之例葬君則書葬君之母則書葬妻則不書所以別礼之輕重也隱見存而夫人薨故葬不書註謂隱弒賊不討故不書者非

成風敬嬴

成風敬嬴定姒（襄公四年）齊歸之書夫人書小君何也邦人稱之旧史書之夫子烏得而貶之在後世則秦芊氏漢薄氏之称太后也直書而失自見矣定姒（定公十五年。魯有兩定姒）書葬而不書夫人小君哀未君也（劉原父曰姒氏為哀公之母定公之妾哀未成君故亦未敢謂其母夫人耳）孟子則并不書葬不成喪也

君氏卒

君氏卒以定公十五年姒氏卒例之從左氏為是不言子氏者子氏非一故繫之君以為别於仲子之繫惠公也若天子之卿則當舉其名不但言氏也（公羊穀梁二傳作尹氏）或疑君氏之名别無所見左傳襄公二十六年左師見夫人之步馬者問之對曰君夫人氏也蓋當時有此稱然則去其夫人即為君氏矣（戰國有君王后）夫人子氏隱之妻嫡也故書薨君氏隱之母惠公之繼室妾也故書卒

不書葬者何春秋之初去西周未遠嫡妾之分尚嚴故仲子别宮而献六羽所謂猶秉周礼者也僖公以後日以僭踰于経可見矣

妙喻解頤可禁失笑

遠微

滕子薛伯杞伯

滕侯之降而子也薛侯之降而伯也杞侯之降而伯而子也貶之乎滕子來朝張無垢胡康侯謂貶其朝桓貶之昔人之可也名之可也至于名盡之矣降其爵非情也古之天下犹今也崔呈秀魏廣微天下之人無字之者言及之則名之名之者惡之也惡之則名之為盡之矣若降其少師而為太子少師降其尚書而為侍郎〻中員外雖童子亦知其不可矣然則三國之降為何沙隨程氏以為是三國者皆微困于諸侯之政而自貶為孫明復已有此說伊川春秋傳畧同昭公十三年平丘之盟子產爭承曰鄭伯男也而使從公侯之貢懼弗給也哀公十三年黃池之會子服景伯曰魯賦于吳八百乘若為子男則將半邾以屬于吳而如邾以事晉皆其證也春秋之世衛稱公矣及其末也貶而侯貶

而君史記衛世家昭公時三晉強衛如小侯屬之成侯十六年衛更貶號曰侯嗣君五年更貶號曰君此著于史記而後人尚有不知者高誘解呂氏春秋衛嗣君曰秦貶其號曰君夫滕薛杞猶是也襄公二十七年宋之盟齊人請邾宋人請滕皆不與盟定公元年城成周宋仲幾曰滕薛郳吾役也則不惟自貶且為大國之私屬矣故魯史因而書之也小國貧則滕薛杞降而稱伯稱子大國強則齊世子光列于莒邾滕薛杞小邾之上齊世子光八會諸侯其五會並序諸侯之下至襄公十年伐鄭之會在滕薛杞小邾上十一年再會又進在莒邾上時為之也左氏謂以先至而進之亦託辭焉耳

闕文

桓公四年七年闕秋冬二時定公十四年闕冬一時公羊成公十年闕冬十月昭公十年十二月無冬僖公二十八年冬無月而

有壬申丁丑桓公十四年有夏五而無月桓公十七年冬十月有朔而無甲子桓公三年至九年十一年至十七年無王桓公五年春正月甲戌己丑陳侯鮑卒甲戌有日而無事皆春秋之闕文後人之脫漏也（莊公二十二年夏五月無事而不書首月）（杜氏釋例以為闕謬）穀梁有桓無王之說竊以為夫子于繼隱之後而書公即位則桓之志見矣奚待去其王以為貶邪

王使榮叔來錫桓公命不書天闕文也（文公五年王使榮叔歸且賵同）若曰以其錫桓而貶之則桓之立春秋固已公之矣商臣而書楚子（文公九年）商人而書齊侯（文公十五年）五等之爵無所可貶孰有貶及于天王邪

僖公元年夫人氏之喪至自齊不言姜宣公元年遂以夫

人婦姜至自齊不言氏此與文公十四年叔彭生不言仲定公六年仲孫忌不言何同皆闕文也聖人之經平易正大

邵國賢寶曰夏五魯史之闕文歟春秋之闕文歟如謂魯史之闕文者筆則筆削則削何獨闕其所不必疑以示後世乎闕其所不必疑以示後世推不誠伯高之心是不誠于後世也聖人豈為之哉不然則甲戌己丑叔彭生仲孫忌又何為者是故夏五春秋之闕文也非魯史之闕文也范介儒守己曰紀子伯郭公夏五之類傳經者之脫文耳謂為夫子之闕疑吾不信巳按甲戌己丑似是魯史之文故左傳已有再赴之說

夫人孫于齊

莊公元年三月夫人孫于齊不稱姜氏絶之也二年十有
二月夫人姜氏會齊侯于禚後稱姜氏見魯人復以小君
待之忘父而與讐通也先孫後會其間復歸于魯而春秋
不書為國諱也此夫子削之矣

劉原父曰左氏曰夫人孫于齊不稱姜氏絶不為親禮也
謂魯人絶文姜不以為親乃中禮耳杜氏謂文姜之義宜与齊絶而復奔齊者
乃是曲說魏書竇瑗傳引注云夫人有與殺桓之罪絶不為親得尊父之義善莊公思大義絶有罪故曰禮也蓋
先儒皆立此說然則母可絶乎宋襄之母獲罪于君歸其父母之
國及襄公即位欲一見而義不可得作河廣之詩以自悲
然宋亦不迎而致也為嘗獲罪于先君不可以私廢命也
孔子論其詩而著之以為宋姬不為不慈襄公不為不孝

今文姜之罪大絕不為親何傷于義哉

詩序猗嗟刺魯莊公不能防閑其母趙氏因之有哀痛以思父誠敬以事母威刑以馭下之説此皆禁之于末而不原其始者也夫文姜之反于魯必其與公之喪俱至其孫于齊為國論所不容而去者也（内諱奔謂之孫文姜之於齊父母之国也何至于書孫此直書而義自見者矣）于此而遂絕之則臣子之義伸而異日之醜行不登于史策矣莊公年少當國之臣不能堅持大義使之復還于魯憑君母之尊挾齊之強而恣睢淫泆遂至于不可制易曰君子以作事謀始左氏絕不為親一言深得聖人之意而魯人既不能行後儒復眛其義所謂為人臣子而不通春秋之義者遭變事而不知其權豈不信夫

公及齊人狩于禚

莊公四年二月夫人姜氏享齊侯于祝丘冬公及齊人狩于禚夫人享齊侯猶可書也公與齊侯狩不可書也故变文而曰齊人人之者讎之也杜氏以為微者失之矣

楚吳書君書大夫

春秋之于夷狄斤斤焉不欲以其名與之也楚之見于經也始于莊之十年曰荆而已二十三年于其来聘而人之二十八年復称荆而不與其人也僖之元年始称楚人四年盟于召陵始有大夫（公羊傳謂文公九年使椒来聘始有大夫䟽矣又謂夷狄不氏非也屈完固已書氏）二十一年會于盂始書楚子然使宜申来獻捷者楚子也（二十一年）而不書君圍宋者子玉（二十七年）救衛者子玉戰

城濮者子玉也二十八年而不書師聖人之意使之不得遽同于中夏也吳之見于經也始于成之七年曰吳而已襄之五年會于戚于其來聽諸侯之好而人之十年十四年復稱吳殊會而不與其人也二十五年門于巢卒始書吳子吳本伯爵春秋以其僭王降從四裔之例而書子二十九年使札來聘始有大夫然滅州來昭公十三年戰長岸十七年敗雞父二十三年滅巢二十四年滅徐三十年伐越三十二年入郢定公四年敗檇李十四年伐陳哀公六年會柤同上會鄫七年伐我八年伐齊十年十一年救陳十年戰艾陵十一年會橐皋十二年並稱吳而不與其人會黃池十三年書晉侯及吳子而殊其會終春秋之文無書師者使之終不得同于中夏也是知書君書大夫春秋之不得已也政交于中國矣以

聖人復起不易斯言矣

後世之事言之如五胡十六國之輩蔑之而已至魏齊周則不得不成之為國而列之于史金元亦然此夫子所以録楚吳也然于備書之中而寓抑之々意聖人之心無時而不在中國也嗚呼

亡國書葬莊三十年

紀已亡而書葬紀叔姬存紀也陳已亡而書葬陳哀公存陳也此聖人之情而見諸行事者也

許男新臣卒僖四年

許男新臣卒左氏傳曰許穆公卒于師葬之以侯礼也而經不言于師此旧史之闕夫子不敢增也穀梁子不得其說而以為内桓師劉原父以為去其師而歸卒于其國鑿

矣

禘于太廟用致夫人僖八年

禘于太廟用致夫人夫人者哀姜也哀姜之薨七年矣魯人有疑焉故不祔于廟至是因禘而致之不称姜氏承元年夫人姜氏薨于夷之文也哀姜與弒二君而猶以之配莊公是亂于礼矣明乎郊社之礼禘嘗之義治國其如示諸掌乎致夫人也躋僖公也皆魯道之衰而夫子所以傷之者也胡氏以夫人為成風成風尚存何以言致亦言之不順也已

以成風称小君是乱嫡妾之分雖然猶愈于哀姜也説在乎漢光武之黜呂后而以薄氏配高廟也

及其大夫荀息僖十年

晋獻公之立奚齊以王法言之易樹子也以臣子言之則君父之命存焉（古人重父命伯夷以父命之故不立而逃叔齊是也）是故荀息之忠同于孔父仇牧

邢人狄人伐衛僖十八年

春秋之文有從同者僖公十八年邢人狄人伐衛二十年齊人狄人盟于邢並舉二國而狄亦稱人臨文之不得不然也（莊公二十三年荊人來聘趙氏鵬飛曰稱人非進之也若但書荊來聘則若舉國皆來于文不順故書人字以成文耳不然二十八年荊伐鄭何以不書人乎）若惟狄而已則不稱人十八年狄救齊二十一年狄侵衛是也穀梁傳謂狄稱人進之也何以不進之于救齊而進之于伐衛乎則又為之說曰善

累而後進之夫伐衛何善之有

昭公五年楚子蔡侯陳侯許男頓子沈子徐人越人伐吳

不称于越而称越人亦同此例陸氏纂例曰凡夷狄與諸侯列叙皆称人以便文但君臣同辭

王入于王城不書僖二十五年

襄王之復左氏書夏四月丁巳王入于王城而經不書其文則史也史之所無夫子不得而益也路史以為襄王未嘗復國而王子虎為之居守此鑿空之論其說曰春秋始書天王出居後四年五月書公朝于王所冬天王狩于河陽公朝于王所文公八年書天王崩未嘗書入也王猛居皇敬王居狄泉此内地而書其入也猶且書之天下之主也鄭他國也亦既遠而戒矣孰有入不書哉納天子定王室是乃人臣之極勳而不書于經又何以春秋為然則襄王未嘗入也且惠王嘗適鄭而處于櫟矣

莊公二十年其出不書其入不書以路史之言例之則是未嘗出未嘗入也莊王僖王頃王崩皆不書以路史之言例之則是未嘗崩也而可乎趙氏曰春秋王崩三不書見王室不告魯亦不赴也愚謂此特因舊史之不書而二者之義自見邵氏曰襄王之出也嘗告難于諸侯故仲尼據策而書之其入也與夫惠王之出入也皆未嘗告于諸侯策所不載仲尼雖得之傳聞安得益之乃若敬王之立則仲尼所見之世也子朝奔楚且有使以告諸侯況天王乎策之所具蓋昭如也故狄泉也書成周也書事莫大于天王之入而春秋不書故夫子之自言也曰述而不作

有星孛入于北斗

春秋書星孛有言其所起者有言其所入者文公十四年秋七月有星孛入于北斗不言所起重在北斗也昭公十七年冬有星入于大辰西及漢不言及漢重不在漢也

　子卒文十八年

叔仲惠伯從君而死義矣而國史不書夫子乎曰未嘗聞死及之者蓋所謂匹夫匹婦之諒自經于溝瀆而莫之知者也

　納公孫寧儀行父于陳宣十一年

孔寧儀行父從靈公宣淫于國殺忠諫之泄冶君弒不能死從楚子而入陳春秋之罪人也故書曰納公孫寧儀行父于陳杜預乃謂二子託楚以報君之讐靈公成喪賊討

千古鐵案

聖人復起不易吾言矣

國復功足以補過嗚呼使無申叔時之言陳為楚縣矣二子者楚之臣僕矣尚何功之有幸而楚子復封成公反國二子無秋毫之力而杜氏為之曲説使後世詐諼不忠之臣得援以自解嗚呼其亦愈于今之已為他人郡縣而猶言報讎者與

有盜于此將刼一富室至中塗而其主為僕所弑盜遂入其家殺其僕曰吾報爾讎矣遂有其田宅貨財子其子孫其孫其子孫亦遂奉之為祖父嗚呼有是理乎春秋之所謂亂臣賊子者非此而誰邪

與楚子之存陳不與楚子之納二臣也公羊子固已言之曰存陳悕矣

三國来媵成八年

十二公之世魯女嫁于諸侯多矣獨宋伯姬書三國来媵蓋宣公元妃所生宣公元年夫人至自齊即穆姜庶出之子不書生故子同生特書庶出之女不書致不書媵故伯姬歸于宋特書

衞碩人之詩曰東宮之妹正義曰東宮太子所居也繫太子言之明與同母見夫人所生之貴是知古人嫡庶之分不獨子也女亦然矣

殺或不稱大夫襄十年

凡書殺其大夫者義繫于君而責其專殺也盗殺鄭公子騑公子發公孫輒文不可曰盗殺大夫故不言大夫杜氏曰以

盜爲文故不得言其大夫其義不繫于君狄之盟會之卿書名而已胡氏以爲罪之而削其大夫非也

閽弒吳子餘祭言吳子則君可知矣文不可曰吳閽弒其君也盜殺蔡侯申同此春秋中凡若此者皆趙子所謂避不成辭穀梁子曰不稱其君閽不得君其君也非也

邾子來會公

定公十四年大蒐于比蒲邾子來會公春秋未有書來會公者來會非朝也會于大蒐之地也嘉事不以野成故明年正月而復來朝

葬用柔日

春秋葬皆用柔日宣公八年冬十月己丑葬我小君敬嬴

雨不克葬庚寅日中而克葬定公十五年九月丁巳葬我君定公雨不克葬戊午日下昃乃克葬己丑丁巳所卜之日也遲而至于明日者事之变也非用剛日也經文所書葬列国之君無非柔日者惟成公十五年秋八月庚辰葬宋共公是剛日其亦雨不克葬遲而至于明日者與漢人不知此義而長陵高帝以丙寅茂陵武帝以甲申平陵昭帝以壬申渭陵元帝以丙戌義陵哀帝以壬寅皆用剛日穆天子傳盛姬之葬以壬戌疑其書為後人偽作

諸侯在喪称子

凡繼立之君踰年正月乃書即位然後成之為君未踰年則称子未踰年又未葬則称名先君初沒人子之心不忍亡其父也父前子名故称名莊公三十二年子般卒襄公

三十一年子野卒是也已葬則子道畢而君道始矣子而不名文公十八年子卒僖公二十五年衛子成公二十八年陳子共公定公三年邾子隱公是也雜記曰君薨太子號稱子待猶君也鄭氏註曰謂未踰年也踰年則改元國不可以曠年無君白虎通曰踰年稱公者緣臣民之心不可一日無君也緣終始之義一年不可有二君也故有不待葬而即位則已成之為君文公元年春王正月公即位成公元年春王正月公即位定公元年夏六月戊辰公即位桓公十三年衛侯惠公宣公十一年陳侯成公成公三年宋公共公衛侯定公是也所以敬守而重社稷也杜氏左傳註衛宣公未葬惠公稱侯以接鄰國非禮也蓋不違此義此皆周公之制魯史之文而夫子遵之者也公羊傳曰君存稱世子世子下仍當繫名若陳世子款鄭世子華之類君薨稱子某既葬稱子踰年

称公得之矣

未葬而名亦有不名者僖公九年宋子襄公定公四年陳子懷公是也所以從同也盟會之文從同而書不得独異昭公二十二年劉子單子以王猛居于皇劉蚠亦在喪已葬而不名亦有名之者昭公二十二年王子猛是也所以示别也嫌于敬王王子朝

鄭伯突出奔蔡者已即位之君也鄭世子忽復歸于鄭者已葬未踰年之子也此臨文之不得不然非聖人之抑忽而進突也忽突皆名别嫌也杜氏註賤之者非

里克殺其君之子奚齊者未葬居喪之子也里克弑其君卓者踰年已即位之君也此臨文之不得不然穀梁傳曰其君之子云者國人不子也非也

未踰年書爵

即位之礼必于踰年之正月即位然後國人称之曰君春秋之時有先君已葬不待踰年而先即位者矣宣公十年齊侯使國佐来聘（頃公）成公四年鄭伯伐許（悼公）称爵者從其國之告亦以著其無父之罪

姒氏卒

定公十五年姒氏卒不書薨不書夫人葬不書小君蓋春秋自成風以下雖以妾母為夫人然必公即位而後称之此姒氏之不称者本無其事也（左氏謂不成喪者非）後世之君多于柩前即位于是大行未葬而尊其母為皇太后（後漢礼儀志三公奏尚書顧命太子即日即天子位于柩前請太子即皇帝位皇后為太后奏可羣臣皆出易服入會如儀）及乎所

生亦以例加之妾貳于君子疑于父而先王之礼亡矣

卿不書族

春秋之文不書族者有二義無駭卒挾卒柔會宋公陳侯蔡叔盟于折溺會齊師伐衛未賜氏也遂以夫人婦姜至自齊歸父還自晉至笙遂奔齊僑如以夫人婦姜氏至自齊豹及諸侯之大夫盟于宋意如至自晉婼至自晉一事再見因上文而畧其辭也公羊宣公元年傳遂何以不稱公子一事而再見者卒名也註卒竟也竟但文名者省文如後人作史一條之中再見者不復書姓左氏不得其辭于溺會齊師伐衛則曰疾之于歸父還自晉則曰善之豈有疾之而去族善之而又去族者乎

春秋隱桓之時卿大夫賜氏者尚少故無駭卒而羽父為之請族如挾如柔如溺皆未有氏族者也穀梁傳不爵大夫之說近之而

未得其實莊閔以下則不復見于經其時無不賜氏者矣劉原父曰諸侯大國三卿皆命于天子次國三卿二卿命于天子小國三卿一卿命于天子大國之卿三命次國之卿再命小國之卿一命其于王朝皆士也韓宣子称三命晉士起以名氏通再命名之一命畧称人周衰礼廢強弱相并卿大夫之制雖不能盡如古見于經者亦皆當時之實録也故隱桓之間其去西周未久制度頗有存者是以魯有無駭柔挾鄭有宛詹秦楚多称人至其晚節無不名氏通矣而邾莒滕薛之等日已益削轉從小國之例称人而已說者不知其故因謂曹秦以下悉無大夫患其時有見者害其臆說因復構架無端以飾其僞彼固不知王者諸侯之

制度班爵云爾

或曰翬不稱公子何與杜氏曰公子者當時之寵號宣元年註翬之稱公子也桓賜之也其終隱之篇不稱公子者未賜也劉原父曰公子雖親然天下無生而貴者是以命為大夫則名氏得而通未命為大夫則得稱名不得稱公子若專命之罪則直書而自見矣齊公子商人弒其君舍已賜氏也衛州吁弒其君完未賜氏也胡氏以為以國氏者累及乎上稱公子者誅及其身此求其說而不得故立此論耳

大夫稱子

周制公侯伯子男為五等之爵而大夫雖貴不敢稱子春秋自僖公以前大夫並以伯仲叔季為稱詩云叔兮伯兮此大夫之稱也

春秋僖公十五年震夷伯之廟杜氏註夷謚伯字大夫既卒書字三桓之先曰共仲曰僖叔曰成季孟孫氏之稱子也自蔑也文公十五年叔孫氏之稱子也自豹也襄公七年季孫氏之稱子也自行父也文公十三年閔公元年書季子二年書高子皆春秋之特筆晉之諸卿在文公以前無稱子者魏氏之稱子也自犨也僖公二十三年欒氏之稱子也自枝也僖公二十八年趙氏之稱子也自衰也文公二年中行氏之稱子也自林父也文公十三年郤氏之稱子也自缺也文公十三年知氏之稱子也自首也宣公十二年范氏之稱子也自會也宣公十二年韓氏之稱子也自厥也宣公十二年晉齊魯衛之執政稱子他國惟鄭間一有之餘則否不敢與大國並也魯之三家稱子他如臧氏子服氏叔仲氏皆以伯叔稱爲不敢與三家並也惟襄公十

四年有子叔齊子論語有卞莊子其生也或以伯仲稱之如趙孟知伯死則謚之而後子之猶國君之死而謚稱公也于此可以見世之升降焉讀春秋者其可忽諸

春秋時大夫雖僭稱子而不敢稱于其君之前猶之諸侯僭稱公而不敢稱于天子之前也何以知之以衛孔悝之鼎銘知之曰獻公乃命成叔纂乃祖服曰乃考文叔興舊耆欲成叔孔成子烝鉏也文叔孔文子圉也叔而不子是君前不敢子也左傳韓厥言于晉侯亦云成季宣孟猶有先王之制存焉陸淳曰侯伯子男之臣皆得稱其君曰公其子孫亦曰公子而謚不得云公者謚是王所賜也大夫之臣得稱其主曰子而謚不得稱子者謚是君所賜也至戰国則子又不足言而封之為君矣

洛誥予旦以多子越御事多子猶春秋傳之言羣子也

宣公十二年 唐孔氏以為大夫皆称子非也

春秋自僖文以後而執政之卿始称子其後則匹夫而為學者所宗亦得称子老子孔子是也孔子弟子惟有子曾子二人称子閔子冉子僅一見又其後則門人亦得称之樂正子公都子之流是也孟子樂正子註子通称故論語之称子者皆弟子之于師如云非不悅子之道衛君待子而為政之類孟子之称子者皆師之于弟子如云子誠齊人也子亦来見我乎之類亦世變之所從来矣

論語称孔子為子蓋夫子而省其文門人之辭也亦有称夫子者夫子矢之夫子喟然嘆曰夫子不答夫子莞爾而笑夫子憮然曰不直曰子而加以夫避不成辭也即此可悟春秋書法九对君卿大夫皆称孔子又季氏一篇皆称孔子乃記者之異

有謚則不称字

春秋傳凡大夫之有謚者則不書字外大夫若宋若鄭若陳若蔡若楚若秦無謚也而後字之内大夫若羽父若衆仲若子家無謚也而後字之公子亦然玉藻士于君所言大夫没矣則称謚若字楚共王之五子其戍君者皆謚康王靈王平王是也其不成君無謚而後字之子干子晳是也他國亦然陳之五父鄭之子亶子儀是也衛州吁齊無知賊也則名之作傳者于称名之法可謂嚴且密矣

人君猶大夫字

古者人君于其國之卿大夫皆曰伯父鄭厲公謂原繁叔父魯隱公謂臧僖伯曰子大夫曰二三子不独諸侯然也由礼言列國之

大夫入天子之国曰某士自称曰陪臣某然而天子接之
犹称某字宣公十六年晋侯使士會平王室王曰季氏而
弗聞乎成公三年晋侯使鞏朔獻齊捷于周王曰鞏伯實
來昭公十五年晋荀躒如周葬穆后籍談為介王曰伯氏
諸侯皆有以鎮撫王室（伯氏謂荀躒）又曰叔氏而忘諸乎（註叔籍談）
字周德雖衰辭不失舊此其稱字必先王之制也（春秋凡命卿書
字于此）盖本周公作立政之書若侯國之司徒司馬司空亞旅
並列于王官之後盖古之人君恭以接下而不敢遺小國
之臣故乎：左右亦是率從而成上下之交矣

日知録卷之五

王貳于虢 已下左氏傳 隱三年

名不正則言不順言不順則事不成而左氏之記周事曰王貳于虢王叛王孫蘇以天王之尊而曰貳曰叛若敵者之辭其不知春秋之義甚矣

星隕如雨 莊七年

星隕如雨言多也啖氏曰奔流衆如雨之多者漢書五行志成帝永始二年二月癸未夜過中星隕如雨長一二丈繹繹未至地滅至雞鳴止谷永對言春秋記異星隕最大自魯莊以來至今再見此為得之而後代之史或曰小星流百枚以上四面行或曰星流如織或曰四方流星大小縱横百餘皆

其類也唐書天文志太和七年六月戊午日暮及曙四方流星大小縱横百餘正統四年八月癸卯日夜達旦有流星大小二百六十餘予于弘光元年閏六月丙申望見月食既星流竟夕始悟古時有此異不言石隕不至地也傳曰與雨偕也然則無雨而隕將不為異乎秋無麥苗不害嘉穀也據隱公元年傳曰有蜚不為災不書使不害嘉穀爲用書之于經乎

築郿莊二十八年

築郿非都也凡邑有宗庙先君之主曰都無曰邑邑曰築都曰城旧唐書礼儀志太常博士顧德章議引此謂春秋二百四十二年魯凡城二十四邑唯郿一邑書築其二十三邑曰城豈皆有宗庙先君之主乎又定公之十五年城漆〻是都邑正義亦知其不可通而曲為之説

城小穀

城小穀為管仲也據經文小穀不繫齊疑左氏之說范甯解穀梁傳曰小穀魯邑春秋發微曰曲阜西北有故小穀城按史記漢高帝以魯公禮葬項王穀當即此地杜氏以此小穀為齊邑濟北穀城縣城中有管仲井劉昭郡國志酈道元水經注皆同按春秋有言穀不言小者莊公二十三年公及齊侯遇于穀僖公二十六年公以楚師伐齊取穀文公十七年公及齊侯盟于穀成公五年叔孫僑如會晉荀首于穀四書穀而一書小穀別于穀也又昭公十一年傳曰齊桓公城穀而寘管仲焉至于今賴之則知春秋四書之穀及管仲所封在濟北穀城而此之小穀自為魯

邑耳况其時齊桓始霸管仲之功尚未見于天下豈遽勤諸侯以城其私邑哉

齊人殺哀姜僖元年

哀姜通慶父弑閔公為國論所不容而孫于知齊人取而殺之義也而傳謂之已甚非矣

微子啓僖六年

蔡穆侯將許僖公以見楚子于武城許男面縛銜璧大夫衰絰士輿櫬楚子問諸逢伯對曰昔武王克殷微子啓如是武王親釋其縛受其璧而祓之焚其櫬礼而命之使復其所楚子從之何孟春曰按書殷紂無道微子去之在武王克殷之前何應當日而有是事已去之後無復還之理

而牧野之戰亦必不從人而伐其宗國也意此殆非微子事而逢伯之言特託之古人以規楚子乎

徐孚遠曰史記言微子持祭器造于軍門武王乃釋微子復其位如故夫武王既立武庚而又復微子之位則是微子與武庚同在故都也厥後武庚之叛微子何以初無異同之迹然則武王克商微子未嘗來歸也

襄仲如齊納幣文二年

經書僖公之薨以十二月而公子遂如齊納幣則但書冬即如杜氏之解移公薨于十二月而犹在二十五月之内惡得謂之礼乎

子叔姬卒

據傳杞桓公在位七十年其二十二年魯文公之十二年出一叔姬其五十年魯成公之四年又出一叔姬再娶于魯而再出之必無此理殆一事而左氏誤重書之耳成公九年杞伯來逆叔姬之喪以歸此其本事且文公十二年經書曰二月庚子子叔姬卒何以知其為杞婦乎趙子曰書卒義與僖公九年伯姬同以其為時君之女故曰子以别其非先君之女也

齊昭公

文公十四年齊侯潘卒傳以為昭公按僖公二十七年經書齊侯昭卒孝公今此昭公即孝公之弟不當以先君之名為謚疑左氏之誤經不書葬然僖公十七年傳曰葛嬴生昭公前後文同史記先儒無致疑者

而書於之罪在主謀趙盾之弒逆無所逃也倘以史罪焉肯以大逆之名加之史好情之人焉謂之直筆在乎

趙盾弒其君宣二年

太史書曰趙盾弒其君。此董狐之直筆也。子爲正卿，亡不越境，反不討賊。此董狐之辭也。傳者不察其指而妄述孔子之言，以爲越境乃免，謬矣。穿之弒，盾主之也。討穿猶不得免也。君臣之義，無逃于天地之間，而可逃之境外乎。

臨于周廟

襄公十二年，吴子壽夢卒，臨于周庙。杜氏以爲文王庙也。昭公十八年，鄭子産使祝史徙主祏于周庙。杜氏以爲厲王廟也。傳曰鄭祖厲王。宣公十二年，鄭伯逆楚子之辭曰：徼福于厲宣桓武。而哀公二年，蒯聵之禱亦云：敢昭告于皇祖文王。夫諸侯不得祖天子，而有廟爲何？曰此庙也，非祖也。始封之君謂之祖，雖然伯禽為文王之孫鄭桓為厲王之子其就封而之國也将何祭焉天下有無祖考之人乎而況于有土者乎意者特立一廟以祀文王厲王而謂之周廟歟漢時有郡國廟其亦倣古而為之歟漢高帝令諸侯王都皆立太上皇廟蓋亦以天下不可有無廟之諸侯王也薄昭予淮南厲王書曰臣之所見高皇帝之神必不廟食于太王之手明白

竹書紀年成王十三年夏六月魯大禘于周公廟按二十一年周文公薨于豐周公未薨何以有廟蓋周廟也公字衍是則始封之君有廟亦可因此而知禘之說

是或一說

欒懷子

晉人殺欒懷安得有謚傳言懷子好施士多歸之豈其家臣為之謚而遂傳于史策邪

子大叔之廟

昭公十二年鄭簡公卒將為葬除及游氏之廟將毀焉子大叔使其除徒執用以立而無庸毀曰子產過女而問何故不毀乃曰不忍廟也諾將毀矣既如是子產乃使辟之十八年簡兵大蒐將為蒐除子大叔之廟在道南其寢在道北其庭小過期三日使除徒陳于道南廟北曰子產過女而命速除乃毀于南鄉子產朝過而怒之除者南毀子產及衝使從者止之曰毀于北方此亦一事而記者或以為葬或以為蒐傳兩存之而失删其一耳

城成周

昭公三十二年傳冬十一月晉魏舒韓不信如京師合諸

侯之大夫于狄泉尋盟且令城成周魏子南面衛彪傒曰魏子必有大咎干位以令大事非其任也詩曰敬天之怒不敢戲豫敬天之渝不敢馳驅況敢干位以作大事乎定公元年傳春王正月辛巳晉魏舒合諸侯之大夫于狄泉将以城成周魏子涖政衛彪傒曰将建天子而易位以令非義也大事干義必有大咎晉不失諸侯魏子其不免乎此是一事左氏兩收而失刪其一周之正月晉十一月也其下文曰己丑士弥牟營成周計丈数揣高卑度厚薄仞溝洫物土方議遠迩量事期計徒庸慮財用書餱粮以令役于諸侯又曰庚寅栽宋仲幾不受功庚寅即己丑之明日而傳分為兩年豈有遲之兩月而始栽宋仲幾乃不受

功者乎且此後不過三旬而畢矣

五伯

五伯之稱有二有三代之五伯有春秋之五伯左傳成公二年齊國佐曰五伯之霸也勤而撫之以役王命杜元凱云夏伯昆吾商伯大彭豕韋周伯齊桓晉文詩正義引服虔云五伯謂夏伯昆吾商伯大彭豕韋周伯齊桓晉文与此同應劭風俗通亦主此說孟子五霸者三王之罪人也趙臺卿註齊桓晉文秦繆宋襄楚莊二說不同顏師古註漢書異姓諸侯王表五伯則以為昆吾大彭豕韋齊桓晉文同姓諸侯王表五伯則以為齊桓宋襄晉文秦穆吳夫差白虎通並存二說其後一說謂齊桓晉文秦穆楚莊吳闔閭據國佐對晉人言其時楚莊之卒甫二年不當遂列為五亦不當繼此無伯而定于五也其通指三代無疑國語祝融能昭顯天地之光明

其後八姓昆吾為夏伯大彭豕韋為商伯莊子彭祖得之上及有虞下及五伯李軌註彭祖名鏗堯臣封于彭城歷虞夏至商年七百歲是所謂五伯者亦商時也淮南子至于昆吾夏后之世高誘註昆吾夏之伯夏后桀世也是知國佐以前其有五伯之名也久矣據此周時但有二伯穀梁傳交盾子不及二伯左傳昭公四年椒舉对楚子言六王二公亦但指齊桓晉文若孟子所称五霸而以桓公為盛則止就東周以後言之如嚴安所謂周之衰三百餘歲而五霸更起者也然趙氏以宋襄並列亦未為允宋襄求霸不成傷于泓以卒未嘗霸也史記言越王句踐遂報彊呉観兵中國称號五伯子長在臺卿之前所聞異辭越世家言周元王使人賜句踐胙命為伯又言越兵横行于江淮東諸侯畢賀號称霸王淮南子亦言越王句踐勝夫差于五湖南面而霸天下泗上十二諸侯皆率九夷以朝

宋襄何足以列五霸九京有知亦自難哉然虎霸不成是責其實反得其名亦可瞑目矣一笑

占法之叢從乎昔曾用心于壬申五載今後成成為後學生寫用深悟倍為之用

以然則言三代之五伯當如杜氏之說言春秋之五伯當列句踐而去宋襄荀子以桓文及楚莊闔閭句踐為五伯江都易王問粤王句踐董仲舒對以五伯是當時以句踐為伯五之數斯得之矣

占法之多

以日占事者史記天官書甲乙四海之外日月不占丙丁江淮海岱戊己中州河濟庚辛華山以西壬癸恒山以北是也以時占事者越絕書公孫聖今日壬午時加南方史記賈誼傳庚子日斜服集予舍是也又有以月行所在為占史記龜策傳今昔壬子宿在牽牛漢書翼奉言白鶴館以月宿亢災後漢書蘇竟言白虹見時月入于畢是也周礼占夢掌其歲時觀天地之會辨陰陽之氣以日月星辰

占六夢之吉凶則古人之法可知矣漢以下則其說愈多其占愈鑿加以日時風角雲氣遲疾变動不一其物故有一事而合于此者或近于彼豈非所謂大道以多岐亡羊者和故士文伯對晉侯以六物不同民心不壹而太史公亦謂臯唐甘石書傳凌雜米鹽在人自得之于象占之外耳干寶解易六爻相雜唯其時物也曰一卦六爻則皆雜有八卦之氣若初九為震爻九二為坎爻也或若見辰戌言艮巳亥言兑也或若以甲壬名乾乙癸名坤也或若以午位名離以子位名坎或若得来為悪物王相為興休廢為衰解爻有等故曰物曰爻中之義羣物交集五星四氣六親九族福德刑殺衆刑萬類皆来發于爻故總謂之物

至今術家之徒紛紛襍吾
大明太祖曾有旨誅殺選擇
雜書令送赴所在官司燒毀
敢有藏匿不肯改私下用任者
並行處斬而亦甚之禁也
今上亦頒選擇曆書而此等書
不遵行爲之何哉

也說易如此小數詳而大道隱矣以此卜筮亦必不驗天文亦然

褚先生補史記日者列傳孝武帝時聚會占家問之某日可取婦乎五行家曰可堪輿家曰不可建除家曰不吉叢辰家曰大凶曆家曰小凶天人家曰小吉太乙家曰大吉辯訟不決以狀聞制曰避諸死忌以五行爲主

以日同爲占

裨竈以逢公卒于戊子日而謂今七月戊子晉君將死萇弘以昆吾乙卯日亡而謂毛得殺毛伯而代之是乙卯日以卜其亡此以日之同于古人者爲占又是一法

天道遠

子産曰天道遠人道邇非昧于天道正昧于人事耳後人又謂其忽天象誠可笑也

春秋時鄭裨竈魯梓慎最明于天文昭公十八年夏五月宋衛陳鄭災裨竈曰不用吾言鄭又將火子産不從亦不復火二十四年夏五月乙未朔日食梓慎曰將水叔孫昭子曰旱也秋八月大雩是雖二子之精亦有時而失之也（昭公七年公將適楚夢襄公祖梓慎曰君不果行子服惠伯曰行三月公如楚）故張衡思玄賦曰慎竈顯以言天兮占水火而妄訊

一事兩占

襄公二十八年春無氷梓慎曰宋鄭其飢乎歲在星紀而淫于玄枵以有時菑陰不堪陽蛇乘龍龍宋鄭之星也宋鄭必飢玄枵虛中也枵耗名也土虛而名耗不飢何爲裨竈曰今茲周王及楚子皆將死歲棄其次而旅于明年之

所謂天道遠人事
邇者此之謂乎
此曰失之誣

次以害鳥帑周楚惡之十一月癸巳天王崩十二月楚康王卒宋鄭皆飢一事兩占皆驗

春秋言天之學

天文五行之學愈疎則多中愈密則愈多不中春秋時言天者不過本之分星合之五行驗之日食星孛之類而已五緯之中但言歲星而餘四星占不之及何其簡也（邵子曰五星之說自甘公石公始）而其所詳者往往在于君卿大夫言語動作威儀之間及人事之治亂敬怠故其說也易知而其驗也不爽揚子法言曰史以天占人聖人以人占天

左氏不必盡信

昔人所言興亡禍福之故不必盡驗左氏但記其信而有

徵者耳而亦不盡信也三良殉死君子是以知秦之不復東征至于孝公而天子致伯諸侯畢賀其後始皇遂并天下季札聞齊風以為國未可量乃不久而篡于陳氏聞鄭風以為其先亡乎而鄭至三家分晉之後始滅于韓渾罕言姬在列諸侯蔡及曹滕其先亡乎而滕滅于宋王偃在諸姬為最後僖三十一年狄圍衛衛遷于帝丘卜曰三百年而衛至秦二世元年始廢歷四百二十一年是左氏所記之言亦不盡信也

列國官名

春秋時列國官名若晉之中行宋之門尹鄭之馬師秦之不更庶長皆他國所無而楚尤多有莫敖令尹司馬太宰

少宰御氏左史右領左尹右尹連尹鍼尹宣公四年有蔵尹克黄哀公十六年有蔵尹固是即鍼尹寢尹工尹卜尹芋尹陳有芋尹蓋藍尹沈尹清尹莠尹囂尹陵尹郊尹樂尹宫廏尹監馬尹揚豚尹武城尹其官名大抵異于他國宋有褚師而鄭亦有之昭公二年子晳請以印為褚師

左傳地名

左傳成公元年戰于鞌入自丘輿註云齊邑三年鄭師禦晋敗諸丘輿註云鄭地哀公十四年阬氏葬諸丘輿註云阬氏魯人也泰山南城縣西北有輿城又是魯地是三丘輿為三國地也文公七年穆伯如莒涖盟及鄢陵註云莒邑成公十六年戰于鄢陵註云鄭地今屬頴川郡是二鄢陵為二國地也襄公十四年伐秦至于棫林註云秦地十

六年次于棫林註云許地是二棫林爲二國地也襄公十七年衛孫蒯田于曹隧飲馬于重丘註云曹邑二十五年同盟于重丘註云齊地是二重丘爲二國地也定公十二年費人北國人追之敗諸姑蔑無註當是魯地哀公十三年彌庸見姑蔑之旗註云越地今東陽大末縣是二姑蔑爲二國地也

地名盂者有五僖公二十一年宋公楚子陳侯蔡侯鄭伯許男曹伯會于盂宋之盂也定公八年單子伐簡城劉子伐盂以定王室周之盂也十四年衛太子蒯聵獻盂于齊衛之盂也而晉則有二盂照公二十八年盂丙爲盂大夫今太原盂縣哀公四年齊國夏伐晉取邢任欒鄗逆時陰

人盂壺口此盂當在邢洺之間

州國有二桓公五年州公如曹註州國在城陽淳于縣十一年勛人將與隨絞州蓼伐楚師註州國在南郡華容縣東南

昌歜

僖公三十年王使周公閱來聘饗有昌歜白黑形鹽註曰昌歜昌蒲葅而釋文歜音在感反正義曰齊有㓨歜魯有公父歜文公十七年周甘歜敗戎于邥垂其音為觸說文歜盛氣怒也從欠蜀聲此昌歜之音相傳為在感反不知與彼為同為異今考顧氏玉篇有歜字徂敢切昌蒲葅也然則傳之昌歜正合此字而唐人已誤作歜廣韻亦誤作歜是知南北之學陸孔

諸儒猶有不能徧通哀公二十五年若見之君將㱿之今本作殼廣韻註曰說文從口蓋経典之誤文不自天寶開成始矣

㱿

襄公二十四年日有食之正義曰此與二十一年頻月日食理必不然但其字則变古為篆改篆為隷書則縑以代簡紙以代縑多歷世代轉寫謬誤失其本真後儒因循莫能改易此通人之至論考魏書江式言魯共王壞孔子宅得尚書春秋論語孝經又北平侯張倉献春秋左氏傳書體與孔氏相類世謂之古文自古文以至于今其傳寫不知幾千百矣安得無悞後之學者于其所不能通。必穿鑿而曲為之説。其為経典之害甚矣。

是皆不安于闕疑之道也

古之教人必先小學小學之書聲音文字是也顏氏家訓曰夫文字者墳籍根本世之學徒多不曉字讀五經者是徐邈而非許慎習賦誦者信褚詮而忽呂忱明史記者專皮鄒而廢篆籒學漢書者悅應蘇而略蒼雅不知書音是其枝葉小學乃其宗系吾有取乎其言

文字不同

五經中文字不同多矣有一經之中而自不同者如桑葚見于衛詩而魯則為黮鬯弓著于鄭風而秦則為韔左氏一書其錄楚也薳氏或為蔿氏箴尹或為鍼尹況于鍾之文乎記曰書同文亦言其大畧耳

所見異辭以下公羊傳隱元年

書同文乃成書者也至春秋時書不同文也久矣

孔子生于昭定哀之世文宣成襄則所聞也隱桓莊閔僖則所傳聞也國史所載策書之文或有不備孔子得據其所見以補之至于所聞則遠矣所傳聞則又遠矣雖得之于聞必將參伍以求其信信則書之疑則闕之此其所以為異辭也公子益師之卒魯史不書其日遠而無所考矣無駭卒俠卒不書日同此義以此釋經豈不甚易而實是乎何休見桓公二年會稷之傳以恩之淺深有諱與目言之異而以書日不書日詳略之分為同此例則甚難而實非矣竊疑所見異辭所聞異辭所傳聞異辭此三語必有所本而齊魯諸儒述之然其義有三闕文一也諱惡二也言孫三也孔子日邦無道危行言孫從前之一說則略于遠而詳于近從後之二說

則晦于近而章于遠讀春秋者可以得之矣漢書言孔子作春秋者所褒諱貶損不可書見口授弟子弟子退而異言及口說流行故有公羊穀梁鄒夾之學（鄒氏夾氏無傳）夫喪欲速貧死欲速朽曾子且聞而未達非子游舉其事以實之亦烏得而明哉故曰春秋之失亂

紀履綸來逆女隱二年

何以不稱使昏禮不稱主人宋公使公孫壽來納幣則其稱主人何辭窮也辭窮者何無母也然則紀有母乎曰有有則何以不稱母母不通也富平李因篤曰此言經所以不書紀侯者以見母雖不通而紀侯有母則不得自稱主人以別于宋公之無母也

母弟称弟

齊侯使其弟年来聘公羊傳其称弟何母弟称弟母兄称兄左氏宣公十七年傳亦曰凡称弟皆母弟也何休以爲春秋変周之文從殷之質質家親親明當親厚異于羣公子也夫一父之子而以同母不同母爲親踈此時人至陋之見春秋以下骨月衰薄禍乱萌生鮮不繇此詩人美鳲鳩均愛七子豈有于父母則望之以均平于兄弟則教之以踈外以此爲質是所謂直情而徑行戎狄之道也郭氏曰若如公羊之説則異母兄弟不謂之兄弟乎程子曰礼文有立嫡子同母弟之説其曰同母弟蓋謂嫡耳非以同母弟爲加親也若以同母弟爲加親則知有母不知有父是禽獸也

子沈子

隱公十一年公羊傳子沈子曰註云子沈子後師明說此意者沈子稱之冠氏上者著其為師也不但言子曰者辟孔子也其不冠子者他師也按傳中有子公羊子曰桓公六年宣公五年而又有子沈子曰隱公十一年莊公十年定公元年子司馬子曰莊公三十年子女子曰女音汝閔公元年子北宮子曰哀公四年何後師之多欤又有魯子曰莊公三年二十三年僖公五年二十年二十四年二十八年有高子曰文公四年皆不冠子穀梁傳有穀梁子曰隱公五年尸子曰隱公五年桓公八年沈子曰定公元年皆不冠子然則此傳不盡出于公羊子也明矣

穀鄧書名

穀伯綏来朝鄧侯吾離来朝傳曰皆何以名失地之君也

穀鄧去魯甚遠不緣失地不得皆朝于魯其稱侯朝何貴者無後待之以初也其義甚明而何氏乃有去二時者桓公以火攻人君之說又有不月者失地君朝惡人之說胡氏因之遂以朝桓之貶歸之于天道矣

鄭忽書名 十一年

鄭忽出奔衛傳曰忽何以名春秋伯子男一也辭無所貶傳文簡而難曉李因篤曰春秋之法天子三公稱公王者之後稱公其餘大國稱侯小國稱伯子男見初獻六羽傳是則公侯為一等伯子男為一等也故子產曰鄭伯男也遭喪未踰年之君公侯皆稱子如宋子衛子陳子之類是也以其等本貴于伯子男故降而稱子今鄭伯爵也伯與子男為

一等下此更無所降不得不降而書名矣名非貶忽之辭故曰辭無所貶

祭公來遂逆王后于紀

桓公八年祭公來遂逆王后于紀九年春紀季姜歸于京師從逆者而言謂之王后從歸者而言謂之季姜此自然之文也猶詩之言爲韓姞相攸也猶左氏之言息嬀將歸過蔡也皆未嫁而冠以夫國之號此臨文之不得不然也而公羊以爲王者無外其辭成矣又以爲父母之于子雖爲天王后猶曰吾季姜是其説經雖巧而非聖人之意矣今將曰逆季姜于紀則初學之士亦知其不通又將曰王后歸于京師則王后者誰之女辭窮矣公羊子蓋拘于在

國稱女之例（隱公二年傳女在其國稱女在塗稱婦入國稱夫人）而不知文固有倒之而順者也

傳文則有不同者左氏莊公十八年陳媯歸于京師實惠后

、爭門

公羊閔公二年傳桓公使高子將南陽之甲立僖公而城魯或曰自鹿門至于爭門者是也或曰自爭門至于吏門者是也註鹿門魯南城東門也據左傳臧紇斬鹿門之関出奔邾是也爭門吏門並闕按說文浄魯北城門池也从水爭聲士耕切是爭門即以此水名省文作爭尒（廣韻作埩）後人以瀞字省作浄音才性切而梵書用之自南北史以下

俱為才性之淨而魯之爭門不復知矣礼記潔淨精微只作静字

仲嬰齊卒

魯有二嬰齊皆公孫也成公十五年三月乙巳仲嬰齊卒其為仲遂後者也杜氏註曰襄仲子公孫歸父弟成公十七年十一月壬申公孫嬰齊卒于貍脤則子叔聲伯也季友仲遂皆生而賜氏故其子即以父字為氏劉炫曰仲遂受賜為仲氏故其子孫稱仲氏孔氏曰死後賜族乃是正法春秋之世有非礼生賜族者華督是也季友仲遂亦同此例中唐以後賜功臣之号亦此意也生而賜氏非礼也以父字為氏亦非礼也春秋從其本稱而不沒其變氏其生也書公子遂其死也書仲遂卒于垂于其子也其生也書公孫歸父其死也書仲嬰齊卒公子季友卒亦同此義惟季友之子不見于經

公羊傳仲嬰齊者何公孫嬰齊也此言仲嬰齊亦是公孫嬰齊非謂子叔聲伯故註云未見于經為公孫嬰齊今為大夫死見經為仲嬰齊此漢人解經之善若子叔孫伯則戰鞌成公二年如晉六年如莒八年已屢見于經矣

為人後者為之子此語必有所受然嬰齊之為後後仲遂非後歸父也猶之公孫僑如弃而立豹以為為兄後則非也傳拘于孫以王父字為式之說而以嬰齊為後歸父則以弟後兄亂昭穆之倫矣非也且三桓亦何愛于歸父而為之立後哉

隱十年無正已下穀梁傳

隱十年無正者以無其月之事而不書非有意削之也穀梁以為隱不自正者鑿矣趙氏曰宣成以前人名及甲子

多不具旧史闕也得之矣

戎菽

莊公三十一年齊侯来献戎捷傳曰戎菽也似據管子桓公北伐山戎得冬葱及戎菽布之天下而為之說桓公以戎捷夸示諸侯豈徒一戎菽哉且生民之詩曰蓺之荏菽荏菽旆旆傳曰荏菽戎菽也爾雅戎菽謂之荏菽亦作荏菽列子北宫子既婦進其茙菽有稻粱之味則是后稷之生而已蓺之不待桓公而始布矣

隕石于宋五

公穀二傳相傳受之子夏其宏綱大指得聖人之深意者凢数十條然而齊魯之間人自為師窮鄉多異曲斈多辨

其穿鑿以誤後人者亦不少矣。且如隕石于宋五，六鶂（左氏公羊作鷁）退飛過宋都，此臨文之不得不然，非史云五石而夫子改之石五，史云鶂六而夫子改之六鶂也。穀梁子曰：「隕石于宋五，後數，散辭也。六鶂退飛過宋都，先數，聚辭也。」天下之達道五，所以行之者三，其散辭乎？凡為天下國家有九經，其聚辭乎？初九潛龍，後九也；九二見龍，先九也，世未有為之說者也。

石無知，故日之。然則梁山崩不日，何也？鶂微有知之物，故月之。然則有鸜鵒來巢不月，何也？夫月日之有無，其文則史也。故劉敞謂言是月者，宋不告日，嫌與隕石同日，書是月以別之也。

此由變篆為隸遂誤耳隸即分隸謂楷書者亦謂之為正書為真書 日 曰 此篆文字之別

王子虎卒

文公四年夏五月王子虎卒左氏以為王叔文公者是也而穀梁以為叔服按此後文公十四年有星孛入于北斗周内史叔服曰不出七年宋齊晉之君皆將死亂成公元年劉康公伐戎叔服曰背盟而欺大國此必敗明叔服別是一人非王子虎也胡氏仍穀梁之誤

穀梁日誤作曰

穀梁傳宣公十五年中國謹日里國月夷狄不日其曰潞子嬰兒賢也疏解甚迂按傳文曰字誤當作其日潞子嬰兒賢也書皋陶謨思曰贊〻襄哉呂刑今爾罔不由慰日勤易大畜九三曰閑輿衛皆當作日古人日曰二字同一書法唯日若之曰一畫不滿与日字異耳故陸氏釋文于九经中遇二字可疑者即加音切又有一字而兩

陸氏意謂或作曰于文義既通或作日于文義亦通故兩存之以俟後人所裁

讀者如詩豈不日戒日音越又人栗反日爲改歳日殺羔羊亦然自古經師所傳或以爲日月之日或以爲曰若之曰陸氏兩存而以其音別之毛晃以爲一字兩音而駁其失誤矣

史記秦始皇本紀贊而以責一日之孤正義曰日音馹

日知録卷之六

閹人寺人

閹人寺人屬于冢宰則内廷無亂政之人九嬪世婦屬于冢宰則後宮無盛色之事大宰之于王不惟佐之治國而亦誨之齊家者也自漢以来惟諸葛孔明為知此義故其上表後主謂宮中府中俱為一體而宮中之事事無大小悉以咨攸之禕允三人于是後主欲采擇以充後宮而終執不聽宦人黄皓終允之世位不過黄門丞（蜀志董允傳）可以為行周礼之效矣後之人君以為此吾家事而為之大臣者亦以為天子之家事人臣不敢執而問也其家之不正而何國之能理乎魏楊阜為少府上疏欲省宮人乃召御

况天子以天下為家家事
即國事也

府吏閽後宮人數吏曰禁密不得宣露卑怒杖吏一百數之曰國家不與九卿爲密反與小吏爲密乎然後知閽寺嬪御之繫于天官周公所以爲後世慮至深遠也漢承秦制有少府之官中書謁者黄門鉤盾尚方御府永巷内者宦者八官令丞諸僕射署長中黄門皆屬焉然則奄寺之官猶隷于外廷也

此不足改歲正月

正月之吉大宰

大司徒正月之吉始和布教于邦國都鄙註云周正月朔日大宰註同正歲令于教官註云夏正月朔日凌人註同州長既以正月之吉讀法又以正歲讀法如初註云因此四時之正重申之郎此是古人三正並用之驗逸周書周月解曰亦越我周改正以垂三統至于敬授民

時巡狩烝享猶自夏爲正謂此也如左氏桓公五年傳云凡祀啓蟄而郊龍見而雩始殺而嘗閉蟄而烝之類是也豳詩七月一篇之中凡言月者皆夏正凡言日者皆周正一之日觱發二之日栗烈三之日于耜傳曰一之日周正二之日殷正月三之日夏正月

北史李業興傳天平四年使梁梁武帝問尚書正月上日受終文祖此時何正業興對曰此夏正月梁武帝問何以得知業興曰案尚書中候運衡篇云日月營始故知夏正又問堯時以前何月爲正業興對曰自堯以上書典不載實所不知梁武又云寅賓出日即是正月日中星鳥以殷仲春即是二月此出堯典何得云堯時不知用何正業興對曰雖三正不同言時節者皆據夏時正月周禮仲春二

夏正在千古以上千古以下莫之能違也三統之建乃爲此史月爲歲首可以頒曆郊祀之而俱于是月行之猶糊于理乎事有關於孔子曰行夏之時

此亦見改歲不改月

彼时延接亭兵栖

月會男女之無夫家者雖是周書亦夏時堯之日月當如此

木鐸

金鐸所以令軍中木鐸所以令國中此先王仁義之用也一器之微而剛柔別為其可以識治民之道也與

鼓吹軍中之樂也非統軍之官不用陳蔡徵為吏部尚書啓後主借鼓吹後主謂所司曰鼓吹軍樂有功乃授今則文官用之王世貞觚不觚錄言先朝之制雖摠兵官列營始夆炮奏鼓吹嘉靖後巡撫乃做而行之士庶人用之僧道用之金革之器徧于國中而兵繇此起矣晉書司馬恬為御史中丞值海西廢簡文帝登阼未解嚴大司馬桓溫屯中堂吹警角恬奏劾溫大不敬請科罪今制雖授鉞遣將亦不夆炮鼓吹而士庶吉凶之礼及迎神賽會及有鼓吹者　景泰六年華陽王友堩遣千戶齎奏赴京并買喇吧號笛銅鑼等物奏劾切責以為此行師之具于王何用當

兵凶事也固所不為亦備固亦可嬉玩之耶不祥鼓吹乃音樂之微也如是而況其大者乎

時遵命祖訓如此以後法禁弛庶民皆得用矣

後魏孝武永熙中諸州鎮各給鼓吹尋而高歡奉兵魏分為二唐自安史之乱邉戍皆得用之故杜甫詩云萬方聲一槩吾道竟何之湘厲之青形為亂象先王之制所以軍容不入國也

詩有鼓箋云簫編小竹管如今賣餳糖俗作者所吹也周禮小師註同漢時賣餳止是吹竹今則鳴金

稽其功緒宮正

已成者謂之功未竟者謂之緒說文緒絲端也記曰武王纘大王王季文王之緒

六牲膳夫

古之為礼以祭祀燕享故六牲之掌特重執豕于牢称公劉也爾牲則具美宣王也至于鄰國相通則葛伯不祀湯使遺之牛羊而衛戴公之廬于曹齊桓歸之牛羊豕鷄狗皆三百其平日國君無故不殺牛大夫無故不殺羊士無故不殺犬豕而用大牲則卜之于[illegible]以求其吉故左氏載齊國之制公膳止于雙鷄而詩人言賓客之設不過兔首炰鱉之類古人之重六牲也如此自齊靈公伐萊〻人使正輿子賂之索馬牛皆百匹而吳人徵魯百牢始于貪求終于暴殄于是范蠡用其霸越之餘謀以畜五牸而澤中千足彘得比封君孳畜之權不在國而在民矣

易曰東鄰殺牛不如西鄰之禴祭秦德公用三百牢于鄜

鷄當鶩雁犬當麋鹿也莽
之所以以亡也自皇帝也

時而王莽末年自天地六宗以下至諸小鬼神凡千七百所用三牲鳥獸三千餘種後不能備廼以鷄當鶩雁犬當麋鹿

邦饗耆老孤子外饗

春饗孤子以象物之方生秋饗耆老以象物之既成然而國中之老者孤者多矣不可以徧饗也故國老庶老則饗之而其他則養于國養于鄉而已制王死事之孤則饗之而其他則養幼少存諸孤而已明一以教孝一以勸忠先王一舉事而天道人倫備焉此禮之所以爲大也與

醫師

古之時庸醫殺人今之時庸醫不殺人亦不活人使其人

在不死不活之間其病日深而卒至于死夫藥有君臣人有強弱有君臣則用有多少有強弱則劑有半倍多則專專則其效速倍則厚〻則其力深今之用藥者大抵雜泛而均停既見之不明而又治之不勇病所以不能愈也而世但以不殺人為賢豈知古之上醫不能無失周礼醫師歲終稽其醫事以制其食十全為上十失一次之十失二次之十失三次之十失四為下是十失三四古人猶用之而淳于意之對孝文尚謂時〻失之臣意不能全也易曰裕父之蠱往見吝奈何独取夫裕蠱者以為其人雖死而不出于我之為嗚呼此張禹之所以亡漢李林甫之所以亡唐也朱文公与刘子澄書所論四君子湯其意亦畧似此

唐書許胤宗言古之上醫惟是別脉〻既精別然後識病夫病之與藥有正相當者惟須單用一味直攻彼病藥力既純病即立愈今人不能別脉莫識病源以情臆度多安藥味譬之于獵未知兔所多發人馬空地遮圍冀有一人獲之術亦疎矣假令一藥偶然當病他味相制氣勢不行所以难差諒由于此後漢書華佗精于方藥處齊不過數種夫師之六五往九二則吉參以三四則凶是故官多則亂将多必敗天下之事亦犹此矣

造言之刑大司徒

舜之命龍也曰朕堲讒說殄行震驚朕師故大司徒以鄉八刑糾萬民造言之刑次于不孝不弟而禁暴氏掌誅庶

非時後之造偽化之書至造

夫造之長造在倡者[illegible]之刑一之

民之作言語而不信者至于訛言莫懲而宗周滅矣

國子

世子齒于學自后夔之教胄子而已然矣師氏以三德教國子保氏掌養國子以道而教之六藝而王世子不别置官是世子之與國子齒也是故諸子掌國子之倅國有大事則帥國子而致于太子惟所用之非平日相習之深焉能得其用乎後世乃設東宮之官而分其職秩于是有内外宮朝之隔而先王之意失矣

死政之老

死國事者之父如史記平原君傳李同戰死封其父為李侯後漢書獨行傳小吏所輔扞賊代縣令死除父奉為郎

中蜀志龐統傳統為流矢所中卒拜其父議郎遷諫議大夫是也若父子並為王臣而特加恩遇如光武之于伏隆本朝之于張五典天啓初張詮以御史死遼加其父五典至兵部尚書又不可以常格論矣

凶禮

大宗伯以凶礼哀邦國之憂其别有五曰死亡凶札禍烖圍敗寇亂是古之所謂凶礼者不但于死亡而五服之外有非喪之喪者緣是而起也記曰年不順成天子素服乘素車食無樂又曰年不順成君衣布搢本周書曰大荒王麻衣以朝朝中無采衣此凶札之服也司服大札大荒大烖素服註曰大烖水火為害君臣素服縞冠若晉伯宗哭

蹇伯哭師亦共將亡而哭之左也
王莽之哭郊謂擬有學
鍾欺人亦之遠白取了

梁山之崩春秋新宮災三日哭此禍災之服也記曰國亡大縣邑公卿大夫士厭冠哭于太廟又曰軍有憂則素服哭于庫門之外大司馬若師不功則厭而奉主車春秋傳秦穆公敗于殽素服郊次鄉師而哭此圍敗之服也呂氏春秋公孫龍対趙惠王曰今藺離石入秦而王縞素出総是戰国時猶行此礼若夫曲礼言士大夫去國素衣素裳徹緣鞮屨素簚乘髦馬孟子言三月無君則吊而季孫之會荀躒練冠麻衣此君臣之不幸而哀之者矣秦姬之逆晉侯免服衰絰衛侯之忿子鮮稅服終身此兄弟之不幸而哀之者矣楚滅江而秦伯降服出次越圍吳而趙孟降于喪食此與國之不幸而哀之者矣漢書高帝紀秦王子嬰素車白馬應劭曰喪人之服先王制服之方固非一端而已記有

戰敗而死寔有兩種矣機喪師而死在此周礼所謂不入兆域以示戒也若勢窮力盡殺身成仁在所當礼加二等也此類[illegible][illegible]當具眼[illegible]為

之曰無服之喪以畜萬邦杜氏通典以賑撫諸州水旱虫灾劳問諸王之疾苦编于凶礼之首

不入兆域

冢人凡死于兵者不入兆域註戰敗無勇投諸塋外以罰之左氏趙簡子所謂桐棺三寸不設屬辟素車白馬無入于兆而檀弓死而不弔者三其一曰畏亦此類也雖子戰而死者其人之葬也不以塋資崔本作塋於於音坎謂先人墳墓也若敝無存死而齊侯三襚之與之犀軒與直蓋而親推之三童汪踦死而仲尼曰能執干戈以衛社稷可無殤也豈得以此一槩隋文帝仁壽元年詔曰投生殉節自古稱難殞身王事礼加二等而世俗之徒不達大義致命戎旅不入兆域虧孝子之意傷人

孫不殺之豈不與之入兆域者因自為語哉

臣之心與言念此每深慇歎且入廟祭祀並不廢闕何至墳塋獨在其外自今以後戰亡之徒宜入墓域可謂達古人之意又考晉趙文子與叔譽觀乎九原而有陽處父之葬則得罪而見殺者亦未嘗不入兆域也左傳襄公二十九年齊人葬莊公于北郭註引兵死不入兆域

樂章

詩三百篇皆可以被之音而為之樂自漢以下乃以其所賦五言之屬為徒詩而其協于音者則為之樂府宋以下則其所謂樂府者亦但擬其詞而與徒詩無別于是乎詩之與樂判然為二不特樂亡而詩亦亡

詩亡所以樂亡

古人以樂從詩今人以詩從樂古人必先有詩而後以樂

和之舜命夔教胄子詩言志歌永言聲依永律和聲是以登歌在上而堂上堂下之器應之是之謂以樂從詩宋國子丞王晉言古者既作詩從而歌之然後以声律協和而成曲自歷代至于本朝雅樂皆先製樂章而後成譜崇寧以後乃先製譜後命辭于是辭律不相諧協且與俗樂無異朱子曰詩之作本言志而已方其詩也未有歌也及其歌也未有樂也以声依永以律和声則樂乃為詩而作非詩為樂而作也詩出乎志者也樂出乎詩者也詩者其本而樂者其末也其古之詩大抵出于中原諸國其人有先王之風諷誦之教其心和其辭不侈而音節之間往〻合于自然之律楚詞以下即已不必盡諧文心雕龍言楚辭韻詭實繁降及魏晉羌戎雜擾方音遞變南北各殊故文人之作多不可以協之音而名為樂府無以異于徒詩者矣元稹言樂府等題除鐃吹橫吹郊祀清商等在樂志者其餘木蘭仲卿四愁七哀之類亦未必盡播于管絃也人有不純而五音十

二律之傳于古者至今不變于是不得不以五音正人聲而謂之以詩從樂以詩從樂非古也後世之失不得已而為之也

漢書武帝舉司馬相如等數十人造為詩賦畧論律呂以合八音之調作十九章之歌夫曰畧論律呂以合八音之調是以詩從樂也後代樂章皆然

安世房中歌十七章郊祀歌十九章皆郊廟之正樂如三百篇之頌其他諸詩所謂趙代秦楚之謳如列國之風十九章司馬相如等所作畧論律呂以合八音者也趙代秦楚之謳則有協有否以李延年為協律都尉采其可協者以被之音也

樂府中如清商清角之類以聲名其詩也如小垂手大垂手之類以舞名其詩也以聲名者必合于聲以舞名者必合于舞至唐而舞亡矣至宋而聲亡矣于是乎文章之傳盛而聲音之用微然後徒詩興而樂廢矣

歌者爲詩擊者拊者吹者爲器合而言之謂之樂對詩而言則所謂樂者八音與于詩立于礼成于樂是也分詩與樂言之也專舉樂則詩在其中吾自衛反魯然後樂正雅頌各得其所是也合詩與樂言之也

鄉飲酒礼工四人二瑟註二瑟二人鼓瑟則二人歌也古人琴瑟之用皆與歌並奏故有一人歌一人鼓瑟若漢文帝使慎夫人鼓瑟上自倚瑟而歌是也師古曰倚瑟即今之以歌合曲也

亦有自鼓而自歌孔子之取瑟而歌是也若乃衛靈公聽新聲于濮水之上而使師延寫之則但有曲而無歌此後世徒琴之所由興也

言詩者大率以聲音爲末藝不知古人之學自六藝始孔子以游藝爲學之成後人之學好高以此爲瞽師樂工之事遂使三代之音不存于兩京兩京之音不存于六代而聲音之學遂爲當今之絶藝

七月流火天文也相其陰陽地理也四矢反兮射也兩驂如舞御也止戈爲武皿蟲爲蠱書也干乘三去亥有二首六身數也古之時人人知之而今日遂爲絶學且曰藝而已矣不知之無害也此近代之儒所以自文其空疏也

斗與辰合

周禮大司樂註此據十二辰之斗建與日辰相配合皆以陽律為之主陰呂来合之是以太師云掌六律六同以合陰陽之聲黄鍾子之氣也十一月建焉而辰在星紀大呂丑之氣也十二月建焉而辰在玄枵故奏黄鍾歌大呂以祀天神今五行家言子与丑合大蔟寅之氣也正月建焉而辰在娵訾應鍾亥之氣也十月建焉而辰在析木故奏大蔟歌應鍾以祀地祇寅与亥合南齊書禮志太常丞何禋之議禮孟春之月擇元辰躬耕帝籍鄭注云元辰蓋郊後吉亥也五行說十二辰為六合寅与亥合建寅月東耕取月建与日辰合也姑洗辰之氣也三月建焉而辰在大梁南呂酉之氣也八月建焉而辰在壽星故奏姑洗歌南呂以祀四望辰与酉合蕤賓午之氣也五

月建爲而辰在鶉首林鍾未之氣也六月建爲而辰在鶉火故奏蕤賓歌函鍾林鍾也以祭山川午與未合仲呂巳之氣也四月建爲而辰在實沈夷則申之氣也七月建爲而辰在鶉尾故奏夷則歌小呂仲呂也以享先妣巳與申合夾鍾卯之氣也二月建爲而辰在降婁無射戌之氣也九月建爲而辰在大火故奏無射歌夾鍾以享先祖卯與戌合太玄經所謂斗振天而進日違天而退先王作樂以象天地其必有以合之矣

凶聲

凡建國禁其淫聲過聲凶聲慢聲凶聲如殷紂好爲北鄙之聲所謂亢厲而微末以象殺伐之氣者也註謂亡國之

秦人鄭岳氏土音之遺頗

聲若桑間濮上此則一淫聲已該之矣

、八音大師

先王之制樂也具五行之氣夫水火不可得而用也故寓火于金寓水于石皃氏爲鍾火之至也泗濱浮磬水之精也（石生于土而得夫水火之氣火石多石火泗濱磬石得水之精者也故浮）水用天地之情以制器是以五行備而八音諧矣

土鼓樂之始也陶匏祭之大也二者之音非以悅耳存其質也國語伶州鳩曰匏竹利制又曰匏以宣之瓦以贊之

今之大樂久無匏土二音（旧唐書音樂志笙女媧氏造列管于匏上内簧其中今之笙竽並以木代匏而漆之無匏音矣宋葉少藴避暑録話大樂旧無匏土二音笙以木刻其本而不用匏塤亦木爲之元史匏以班竹爲之）而八音但有其六矣熊氏謂匏音亡而清廉忠

敬者之不多見吾有感于其言元熊朋来五經説曰八音之有笙宜以竹稱而乃以匏稱是所重在匏也古者造笙必以曲沃之匏汶陽之竹漢太學槐市各持方物列磬懸匏八音之匏于卦爲艮于風爲融于氣爲立春匏音啾以立清闕之則清廉者鮮矣匏音正則人思敬不正則忠敬者鮮矣爲礼樂之官者尚申請而改正之

用火司爟

有明火有國火明火以陽燧取之于日司烜氏近于天也故卜于祭用之華氏大祝大司馬國火取之五行之木司爟近于人也故烹飪用之

古人用火必取之于木而復有四時五行之変素問黄帝言壯火散氣少火生氣季春出火貴其新者少火之義也

今人一切取之于石其性猛烈而不宜人疾疢之多年壽

之滅有自來矣詳見第三十卷介子推條

邵氏學史曰古有火正之官語曰鑽燧改火此政之大者也所謂光融天下者于是乎在史記楚世家重黎為帝嚳火正能光融天下命曰祝融周礼司烜氏所掌及春秋宋衛陳鄭所紀者政皆在焉今治水之官猶夫古也而火獨缺焉飲知擇水而烹不擇火以祭以養謂之備物可乎或曰庭燎則有司矣雖然此火之末也

涖戮于社

大司寇大軍旅涖戮于社註社謂社主在軍者也書甘誓用命賞于祖不用命戮于社孔安國云天子親征必載遷廟之祖主及社主行有功則賞祖主前示不專也不用命

奔北者則戮之于社主前社主陰陰主殺親祖嚴社之義也記曰社所以神地之道意古人以社爲陰主若其司刑殺之柄者故祭勝國之社則士師爲之尸而王莽之將亡赦城中囚徒授兵殺豨飲其血曰有不爲新室者社鬼記之宋襄公季平子皆用人于社而亡曹之夢亦曰立于社宮宰我戰栗之對有自來矣

邦朋

士師掌士之八成七曰爲邦朋太公對武王民有十大而曰民有百里之譽千里之交六大也又曰一家害一里一里害諸侯諸侯害天下嗟乎此太公之所以誅華士也世衰道微王綱弛于上而私黨植于下故箕子之陳洪範必

皇建其有極而後庶民人無淫朋比德

易泰之九二曰朋亡渙之六四曰渙其羣元吉莊子文王

寓政于臧丈人而列士壞植散羣

荀悅論曰言論者計薄厚而吐辭選舉者度親疎而舉筆

苞苴盈于門庭聘問交于道路書記繁于公文私務衆于

官事世之弊也古今同之可為太息者此矣

王公六職之一

坐而論道謂之王公王亦為六職之一也未有無事而為

人君者故曰天子一位

日知録卷之七

奠摯見于君

士冠士之嫡子繼父者也故得奠摯見于君（庶子不得見君左傳昭公四年仲與公御萊書觀于公叔孫怒而逐之是也）

主人

主人爵弁纁裳緇袘註主人壻也壻為婦主主人筵于戶西註主人女父也親迎之礼自夫家而行故壻稱主人至于婦家則女父又當為主人故不嫌同辭也女父為主人則壻當為賓故曰賓東南荅拜註賓壻也對女父之辭也至于賓出而婦從則變其文而直稱曰壻壻者對婦之辭也曰主人曰賓曰壻一人而三異其稱可以見礼時為大

而義之由内矣

辭無不腆無辱

婦人之終始也先王于此有省文尚質之意焉故辭無不腆無辱賓不稱幣不善主人不謝來辱告之以直信曰先人之礼而已所以立生民之本而為嗣續之基故以内心為主而不尚乎文辭也非徒以教婦德而已

某子受酬

鄉飲酒礼某子受酬注某者衆賓姓也鄉射礼某酬某子注某子者氏也古人男子無稱姓者從鄉射礼注為得如左傳叔孫穆子言叔仲子子服子之類士婚礼皇舅某子此或謚或字之称与聘礼皇考某子同疏以為若張子李子婦人内夫家豈有稱其舅為張子李子者哉

辨

鄉飲酒礼鄉射礼其于旅酬皆言辨註云辨衆賓之在下者此辯非辯察之辯古字辯與徧通经文言辯者非一燕礼註今辯文皆作徧是也曲礼主入延客食胾然後辯殽内則子師辯告諸婦諸母名宰辯告諸男名玉藻先飯辯嘗羞飲而俟樂記具治辯者其礼具註辯徧也左傳定公八年子言辯舍爵于季氏之廟而出註辨猶周徧也史記礼書瑞應辯至

須臾

寡君有不腆之酒請吾子之與寡君須臾焉使某也以請古者樂不踰辰燕不移漏故称須臾言不敢久也記曰飲

酒之節朝不廢朝莫不廢夕而書酒誥之篇曰在昔殷先哲王迪畏天顯小民經德秉哲越在外服侯甸男衛邦伯越在内服百僚庶尹惟亞惟服宗工越百姓里居罔敢湎于酒不惟不敢亦不暇是豈待初筵之規三爵之制而後不得醉哉

飱不致

聘礼管人為客三日具沐五日具浴飱不致賓不拜沐浴而食之即孟子所謂廩人繼粟庖人繼肉不以君命將之恐勞賓也

三年之喪

今人三年之喪有過于古人者三事礼記三年問曰三年

三年之喪二十四个月足
而祥是第二十五月之首
一日禫服亦謂祥之月
而禫、服一月足釋服
是第二十六月之首一日
而以畢矣實滿二十五
个月而為二十六月之喪
即如云是之日辰即謂之一
年亦謂三年之喪也七

之喪二十五月而畢同荀子檀弓曰祥而縞是月禫徙月樂
王肅云是祥之月而禫禫之明月可以樂矣又曰魯人有
朝祥而暮歌者子路笑之夫子曰由爾責于人終無已夫
三年之喪亦已久矣夫子路出夫子曰又多乎哉踰月則
其善也喪服小記曰再期之喪三年也春秋閔公二年公
羊傳曰三年之喪實以二十五月白虎通三年之喪再期二十五月後漢書陳忠
號言先聖緣人情而著其節制服二十五月淮
南子餘喪紀高誘註紀數也二十五月之數也孔安國曰
傳太甲篇云湯以元年十一月崩至此二十六月三年服
闋鄭玄謂二十四月再期其月餘日不數為二十五月中
月而禫則空月為二十六月出月禫祭為二十七月與王
肅異魏明帝以景初三年正月崩至五年正月積二十五晦為大祥太常孔美博士趙怡等以為禫在二十七

古制也不得而增亦不得而
減也若有加一月以為孝子乎
大孝終身慕父母豈在
此一月徒務重人之礼乎

月其年四月祫祭散騎常侍王肅博士樂祥等以為禫在祥月其年二月祫祭晉武帝時越騎校尉程猗贊成王肅駮鄭禫二十七月之失為六徵三驗博士許猛扶鄭義按作釋六徵解三驗以二十七月為得並見魏書礼志三年問曰至親以期斷是何也曰天地則已易矣四時則已變矣其在天地之中者莫不更始焉以是象之也然則何以三年也曰加隆焉爾也焉使倍之故再期也今從鄭氏之說三年之喪必二十七月宋武帝永初元年十月辛卯改晉所用王肅祥禫二十六月儀依鄭玄二十七月而後除其過于古人一也儀礼喪服篇月疏衰裳齊牡麻絰冠布纓削杖布帶疏屨期者父在為母傳曰何以為期也屈也至尊在不敢伸其私尊也礼記雜記下篇曰期之喪十一月而練十三月而祥十五月而禫註云此謂父在為母也喪大記曰期終喪不食肉不飲酒父在為

母為妻又曰期居廬終喪不御于內者父在為母為妻喪服四制曰資于事父以事母而愛同天無二日土無二王國無二君家無二尊以一治之也故父在為母齊衰期者見無二尊也服問曰三年之喪既練矣有期之喪既葬矣則帶其故葛帶絰期之絰服其功衰徐師曾集註曰三年之喪謂父喪也期之喪母喪也賈公彥喪服疏所云父卒三年之內而母卒仍服期必父服既除而遭母喪乃得伸三年也喪服傳曰禽獸知母而不知父野人曰父母何筭焉都邑之士則知尊祢矣今從武后之制亦服三年之服自唐以前礼制父在為母一周除靈三年心喪高宗上元元年十二月天后上表請父在為母服齊衰三年從之玄宗開元五年右補闕盧履冰上言孝莫大於嚴父故父為在母服齊衰周心喪三年情已伸而礼殺也則天皇后改服齊衰三年請復其旧上下其議左散騎常侍褚無量以履冰議為是諸人爭論連年不決七年八月辛卯敕自今五服並依喪服傳文然士大夫議論猶不息行之各從其意無量嘆曰聖人豈不知母恩之厚乎厭降之礼所

以明尊卑異戎狄也俗情膚淺不知圣人之心一槩其制
誰能正之二十年中書令蕭嵩改修五經復請依上元敕
父在為母齊衰三年從之　按父在為母齊衰三年起自
開元礼然其時盧懷慎以母憂起服為兵部侍郎張九齡
以母憂起復中書侍郎同平章事加王守礼以母憂起復
左金吾衛將軍嗣鄂王邑以母憂起復衛尉卿而得終礼
制者惟張說韓休二人則明皇固已寔其文而廢其實矣
今制父在為母斬衰三年　按太祖實錄洪武七年九月庚
寅貴妃孫氏甍命吳王橚服慈母服斬衰三年以主喪事
敕皇太子諸王皆服期乃命翰林斈士宋濂等修孝慈錄
立為定制子為父母庶子為其母皆斬衰三年嫡子衆子
為其庶母皆斬衰杖期十一月壬戌書成此則當時別
有所為而未可為萬
世常行之道也已

其過于古人二也喪服篇又曰不杖
麻屨者婦為舅姑傳曰何以期也從服也檀弓上篇曰南
宮縚之妻之姑之喪夫子誨之髽曰爾毋從〻爾〻毋扈
扈爾蓋榛以為笄長尺而摠八寸正義謂以其為期之喪
而殺于斬衰之服喪服小記曰婦人為夫與長子稽顙其

尹拙之說誠當但今按二天故父在為母服期即父沒為母三年亦齊衰為不斬衰也婦以夫為天既已除從父母之服而獨加舅姑之服如夫服而今家禮服即被條然則誠不可易服其經以從夫[illegible]

餘則否今從後唐之制婦為舅姑亦服三年宋史乾德三年判大理寺

尹拙言按律及儀禮喪服傳開元禮五禮精義三禮圖等書所載婦為舅姑服期近代時俗多為重服望加裁定右僕射魏仁浦等奏曰按禮內則內婦事舅姑如事父母則舅姑與父母一也而古禮有期年之說至于後唐始定三年之喪竊以三年之內几莛尚存豈可夫居苫塊之中婦被綺紈之飾夫婦齊體哀樂不同求之人情實傷理本況婦為夫有三年之喪于舅姑止服期年是尊夫而畢舅姑也孝明皇后為昭憲太后服喪三年足以為萬世法望自今婦為舅姑服並如後唐之制三年斬衰一從其夫詔從之○何孟春餘冬序錄引唐李涪論曰喪服傳婦為舅姑齊衰五升布十一月而練十三月而祥十五月而禫之後門庭尚袁婦服青繐衣以俟夫之終喪習俗以婦之服青繐謂其尚在喪制故因循亦同夫之喪紀再周而後吉貞元十一年河中府會曹參軍蕭據狀稱堂兄經女遵李氏婿見居喪今時俗婦為舅姑服三年恐為非禮請禮院詳定下詳定判官前太常博士李岩款曰開元禮五服制虔婦為舅姑及女子適人為其父母皆齊衰不杖期蓋以為婦之道事一不得自達以繫于人故女子適人服夫以斬而降其父母喪服篇曰女子子適人者為其父母傳曰為父何以期也婦人不式斬也婦人不二斬者何也婦人有

此事語見詳於禮記之

此等書易也

注多亦以為

若祥而禫者皆解哀未後

在也謂所援琴而不成聲

在二十五月既是後於一月為

後謂之義

三從之義無專用之道故未嫁從父既嫁從夫夫死從子父者子之天也夫者妻之天也婦人不貳斬者猶曰不貳天也先聖格言歷代不敢易以此論之父母之喪尚止周歳舅姑之服無容三年今之學者不本其說輕重紊亂寖以開元禮玄宗所修布在有司頒行天下伏請正牒以明典章李岩之論可謂正矣宋朝貽謀録乾德三年詔舅姑之喪婦從其夫齊衰三年遂為定制宋人蓋未講服齊縗之制故也其過于古人三也皆後儒所不敢議非但因循國制亦畏宰我短喪之譏若乃日月雖多而哀戚之情不至焉則不如古人遠矣

古人以祥為喪之終中月而禫則在除服之後故喪服四制言祥之日鼓素琴示民有終也檀弓言孔子既祥五日彈琴而不成聲十日而成笙歌有子蓋既祥而絲屨組纓又曰祥而外無哭者禫而内無哭者樂作矣故也自魯人有朝祥而暮歌者子路笑之孔子言踰月則其善而孟獻

中月而禫在間月而禫服畢也或是祥之明日爲中月以禫間一月而後禫時比一月將從喪服而抑從吉者然從喪服時祥之禫而從吉時未禫而吉文決孫之理是或祀禮之時而行之已不同乃後人議禮

于禫縣而不樂孔子曰獻子加于人一等矣于是自禫而後而謂之終喪

王肅據三年問二十五月而畢檀弓祥而縞是月禫徙月樂之文謂爲二十五月鄭玄據服問中月而禫之文謂爲二十七月註云中月間一月也正義引喪服小記云妾祔于妾祖姑亡則中一以上而祔又學記云中年考校皆以中爲閒二說各有所據古人祭當卜日小祥卜于十三月之日大祥卜于二十五月之日而禫則或于大祥之月是月或移大祥之後間一月中月自記禮之時而行之已不同矣

孝經援神契曰喪不過三年以期增倍五五二十五月義以義斷仁示民有終故漢人喪服之制謂之五五堂邑令費

人喪三年孰何為禁之令人徒增日月而忘喪二去妙於棄之矣

鳳碑曰菲五五縗杖其未除洪氏曰菲五五者居喪菲食二十五月也此取論語菲飲食字隋書姚察傳所謂蔬菲巴郡太守樊敏碑曰遭離母憂五五斷仁是也

為父斬衰三年為母齊衰三年此從子制之也父在為母齊衰杖期此從夫制之也家無二尊而子不得自專所謂夫為妻綱父為子綱審此可以破學者之疑而息紛紜之說矣

父在為母雖降為期而心喪之實未嘗不三年也如後魏彭城王勰毀瘠三年弗參吉慶乃謂之心喪傳曰父必三年然後娶達子之志也正義曰左氏昭公十五年傳王一歲而有三年之喪二焉據太子与穆后天子為后亦期而言三年喪者據達子之志而言故并謂之三年也唐太宗貞觀元年詔有云妻喪達制之後者即用此傳文假令娶于三年

之内將使為之子者何服以見何情以處乎理有所不可也抑其子之服于期而申其父之不娶于三年聖人所以損益百世而不可改者精矣

檀弓上篇伯魚之母死期而猶哭夫子聞之曰誰與哭者門人曰鯉也夫子曰嘻其甚也伯魚聞之遂除之此自父在為母之制當然所以為出母者非

喪服小記曰庶子在父之室則為其母不禫山陰陸氏曰在父之室為未娶者也并禫祭不舉厭也

唐時武韋二后皆以婦乘夫欲除三綱变五服以申尊母之義故高宗上元元年十二月壬寅天后上表請父在為母服齊衰三年中宗神龍元年五月丙申皇后表請天下

士庶為出母三年服其意一也彼且欲匹二聖于天皇陪南郊以亞獻而況區區之服制乎盧履冰表言原夫上元肇年則天已潛秉政將圖僭篡預自崇加請升慈愛之喪以抗尊嚴之禮雖齊斬之儀不改而几筵之制遂同數年之間尚未通用天皇晏駕中宗蒙塵垂拱之末果行聖母之僞符載初之元遂啓易代之深釁孝和雖仍反正韋氏復效晨鳴孝和非意暴崩韋氏旋即稱制易曰臣弒其君子弒其父非一朝一夕之故其斯之謂矣臣謹循禮意防杜實深若不早圖刊正何以垂戒于后玄宗開元七年八月癸丑勅周公制禮歷代不刊子夏為傳孔門所授格條之内有父在為母齊衰三年指天后所定此有為而為非尊獻之義與其改作不如師古諸服紀宜一依喪服旧文可謂簡而當矣柰何信道不篤朝令夕更至二十四年又從韋縚之言加舅母堂姨舅之服天寶六載又令出母終三年之服詳旧書禮儀志而太和開元之世

予謂偽行而遂施

遂使駙馬為公主服斬衰三年（文宗紀、杜悰傳）礼教之淪有繇来矣

自古以来姦人欲蔑先王之礼法而自為者必有其漸天后父在為母齊衰三年之請其意在乎臨朝也故中宗景龍二年二月庚寅大赦天下内外五品已上母妻各加邑號一等無妻者聽授其女而安樂公主求立為皇太女遂進鴆于中宗矣

金世宗大定八年二月甲午朔制子為改嫁母服喪三年

洪武七年雖定為母斬衰三年之制而孝慈皇后之喪次年正旦皇太子親王駙馬俱淺色常服則尊厭之礼未嘗不用也惟夫二十七月之内不聽樂不昏嫁不赴挙不服

官此所謂心喪則百世不可改矣

喪服小記曰祖父卒而后為祖母後者三年鄭氏曰祖父在則其服如父在為母也此祖母之喪厭于祖父者也婦事舅姑如事父母而服止于期不貳斬也然而心喪則未嘗不三年矣故曰與更三年喪不去

吳幼清服制考詳序曰凡喪礼制為斬齊功緦之服者其文也不飲酒不食肉不處内者其實也中有其實而外飾之以文是為情文之稱徒服其服而無其實則與不服等爾雖不服其服而有其實者謂之心喪心喪之實有隆而無殺服制之文有殺而有隆古之道也愚嘗謂服制當一以周公之礼為正後世有所增改者皆溺乎其文昧乎其

實而不完古人制礼之意者也為母齊衰三年而父在為母杖期豈薄于其母哉蓋以夫為妻之服既除則子為母之服亦除家無二尊也子服雖除而三年者居喪之實如故則所殺者三年之文而已實固未嘗殺也女子子在室為父斬既嫁則為夫斬而為父母期蓋曰子之所天者父妻之所天者夫嫁而移所天于夫則降其父婦人不二斬者不貳天也降己之父母而期為夫之父母亦期〻之後夫未除服婦已除服而居喪之實如其夫是舅姑之服期而實三年也豈必從夫服斬而後為三年哉喪服有以恩服者有以義服者有以名服者恩者子為父母之類是也義者婦為舅姑之類是也名者為從父從子之妻之類是也

取大夫青縑衣以像古服
之孫是也

黨字作類字者

從父之妻名以母之黨而服從子之妻名以婦之黨而服兄弟之妻不可名以妻之黨其無服者推而遠之也然兄弟有妻之服已之妻有娣姒婦之服一家老幼俱有服已雖無服必不華靡于其躬宴樂于其室如無服之人也同爨有服緦同爨服緦為從母之夫舅之妻與已同爨者爾此所引似沆言之失朋友尚加麻鄰喪里殯猶無相杵巷歌之聲奚獨于兄嫂弟婦之喪而恝然待之如行路之人乎古人制礼之意必有在而未易以淺識窺也夫實之無所不隆者仁之至文之有所或殺者義之精古人制礼意蓋如此後世父在為母三年婦為舅姑從齊並三年為嫂有服為弟婦亦有服意欲加厚于古而不知古者子之為母婦之為舅姑叔之于嫂未嘗薄

也愚故曰此皆溺于其文昧乎其實而不究古人制礼之意者也古人所勉者喪之實也自盡于己者也後世所加者喪之文也表暴于人者也誠偽之相去何如哉

繼母如母

繼母如母以配父也慈母如母以貴父之命也然於其黨則不同矣服問曰母出則為繼母之黨服母死則為其母之黨服為其母之黨服則不為繼母之黨服鄭氏註曰雖外親亦無二統夫礼者所以別嫌明微非聖人莫能制之此類是也喪服小記為慈母之父母無服

為所後者之祖父母妻妻之父母昆弟昆弟之子若子

此條明暢

此因為人後而推言之所後者有七等之親皆當如礼而為之服也所後之祖我之曾祖也父母我之祖父母也妻我之母也妻之父母我之外祖父母也因妻而及故連言之取便文也昆弟我之世叔父也昆弟之子我之從父昆弟也若及也若子我之從父昆弟之子也正義謂妻之昆弟妻之昆弟之子者非鄭以若子為如親子但篇末又有兄弟之子若子之文當同一解

女子子在室為父

鄭氏註言在室者關已許嫁關該也謂許嫁而未行遭父之喪亦當為之布總箭笄髽三年也内則曰有故二十三年而嫁曾子問孔子曰女在塗而女之父母死則女反是也

慈母如母

慈母者何也子幼而母死養于父妾父卒為之三年所以報其鞠育之恩也然而必待父命者此又先王嚴父而不敢自專其報之義也父命妾曰女以為子謂憐其無母視之如子長之育之非立之以為妾後也喪服小記以為々慈母後則未可信也

礼記曾子問篇子游問曰喪慈母如母礼與孔子曰非礼也古者男子外有傳內有慈母君命所使教子也此與喪服所謂慈母不同何服之有昔者魯昭公少喪其母有慈母良及其死也公弗忍也欲喪之有司以聞曰古之礼慈母無服今也君為之服是逆古之礼而乱國法也若終行之則有司將

書之以遺後世無乃不可乎公曰古者天子練冠以燕居公弗忍也遂練冠以喪慈母喪慈母自魯昭公始也然但練冠以居則異于如母者矣而孔子以為非礼

南史司馬筠傳梁天監七年安成國太妃陳氏薨詔礼官議皇子慈母之服筠引鄭玄說服止卿大夫不宜施之皇子武帝以為不然曰礼言慈母有三條一則妾子無母使妾之無子者養之命為子母服以三年喪服齊衰章所言慈母如母是也二則嫡妻子無母使妾養之雖均乎慈愛但嫡妻之子妾無為母之義而恩深事重故服以小功喪服小功章所以不直言慈母而云庶母慈已者文曰庶母則知其為嫡妻之子矣明異于三年之慈母也其三則子非無母擇賤者

工部毋々分斷書

視之義同師保而不無慈愛故亦有慈母之名師保無服則此慈母亦無服矣內則云擇于諸母與可者使為子師其次為慈母其次為保母此其明文言擇諸母是擇人而為此三母非謂擇取兄弟之母也子游所問自是師保之慈非三年小功之慈也故夫子得有此答豈非師保之慈母無服之證乎鄭玄不辨三慈溷為訓釋引彼無服以註慈巳後人致謬實此之由于是籍等請依制改定嫡妻之子母歿為父妾所養服之五月貴賤並同以為永制

喪服小記曰為慈母之父母無服註曰恩所不及故也又曰慈母與妾母不世祭也然則雖云如母有不得盡同于母者矣

出妻之子為母

出妻之子為母此經文也傳曰出妻之子為母期則為外祖父母無服此子夏傳也傳曰絶族無移服親者屬此傳中引傳援古人之言以證其無服也當自為一條出妻之子為父後者則為出母無服此又經文也傳曰與尊者為一体不敢服其私親也此子夏傳也當自為一條今本乃誤連之

父卒繼母嫁

父卒繼母嫁從從字句謂年幼不能自立從母而嫁也母之義已絶于父下章云妻不敢與焉是也故不得三年而其恩猶在于子不可以不為之服也繼母本非屬毛離裏之親以其配父而服之如母爾故王肅曰從乎

繼而寄宥則為服不從則不服報者母報之也兩相為服也

有適子者無適孫

冢子身之副也家無二主亦無二副故有適子無適孫唐高宗有太子而復立太孫非矣

為人後者為其父母

為人後者為其父母此臨文之不得不然隋書劉子翊云其者因彼之辭是也後儒謂以所後為父母而所生為伯叔父母于經未有所考亦自尊無二上之義推之也已宋歐陽氏據此文以為聖人未嘗沒其父母之名辨之至數千言不若趙瞻之言辭窮直書為簡而當也宋史趙瞻傳中書請濮安懿王稱親瞻爭曰仁宗既下明詔子陛下議者顧惑礼律所生所養之名妄相訾難彼明知礼無兩父貳斬之義敢

裂一字之辭以亂厥真且文有去婦出母者去已非婦出不爲母辭旁直書豈足援以斷大義哉臣請與之廷辨以定邪正

石林燕語濮議廷臣既皆欲止稱皇伯歐陽文忠力抵以爲不然因引儀禮及五服勅云爲人後者爲其父母則是雖出繼而于本生猶稱父母也時未有能難之者司馬君實在諫院獨疏言爲人後而言父母此因服立文舍父母則無以爲稱非謂其得稱父母也

按經文言其父母其昆弟者大抵皆私親之稱

黄氏日抄曰歐公被陰私之謗皆激于當日主濮議之力公集濮議四卷又設爲或問以發明之滔滔數萬言皆以禮經爲其父母一語謂未嘗因降服而不稱父母耳然既明言所後者三年而于所生者降服則尊無二上明矣謂所生父母者蓋本其初而名之非有兩父母也未爲人後之時以生我者爲父母已爲人後則以命我者爲父母立

言者于既命之後而追本生之称自宜因其舊以父母称未必其人一時並称兩父母也公亦何苦力辯而至于困辱危身哉况帝王正統相傳有自非可常人比耶覌本朝有嘉靖之事至于入廟称宗而後知聖人制礼別嫌明微之至也永叔慱聞之儒而見未及此𡛟者所以貴乎格物

為人後者為其父母報謂所生之父母報之亦為之服期也重其繼大宗也故不以出降

繼父同居者

夫物之不齊物之情也雖三王之世不能使天下無孤寡之人亦不能使天下無再適人之婦且有前後家東西家

[illegible]在大[illegible]何之議[illegible]所以致治何以為
謂所為後者為父母謂所生者為所
父母以入帝王於所生父母稱帝不稱
別廟不入太廟則得禮之意矣九京
作歐公其言宜為嘉靖其亡必服
子不能對如周者宗本而謂得禮之
[illegible]吾孰為之矣

而為喪主者矣假令婦年尚少夫死而有三五歲之子則其本宗大功之親自當為之收恤又無大功之親而不許之從其嫁母則轉于溝壑而已于是其母所嫁之夫視之如子而撫之以至于成人此子之于若人也名之為何不得不稱為繼父矣長而同居則為之服齊衰期先同居而後别居則齊衰三月以其撫育之恩次于生我也為此制者所以寓恤孤之仁而勸天下之人不独子其子也若曰以其貨財為之築宮廟此後儒不得說而為之辭

宗子之母在則不為宗子之妻服也

正義謂母年未七十尚與祭非也祭統曰夫祭也者必夫婦親之是以舅沒則姑老（内則）明其不與祭矣（夫人亞祼母不可以亞子）

故老而傳事雖老固嘗為主祭之人而礼無二敬故為宗子之母服則不為妻服

杜氏通典有夫為祖曾祖高祖父母持重妻從服議一條云孔瑚問虞喜曰假使玄孫為後玄孫之婦從服期曾孫之婦尚存緦麻近輕遠重情寔有疑喜荅曰有嫡子者無嫡孫又若為宗子母服則不服宗子婦以此推之若玄孫為後而其母尚存玄孫之婦猶為庶不得傳重傳重之服理當在姑矣宋庾蔚之唐志庾蔚之注喪服要記五卷謂舅沒則姑老是授祭事于子婦至于祖服自以姑為嫡與此條之意互相發明

君之母妻

與民同者為其君齊衰三月也不與民同者君之母妻民不服而嘗仕者獨為之服也古之卿大夫有見小君之礼如成公九年季文子如宋致女復命公享之穆姜出于房再拜是也而妻之爵服則又君夫人命之是以不容無服

齊衰三月不言曾祖已上

宋沈括夢溪筆談曰喪服但有曾祖曾孫而無高祖玄孫或曰經之所不言則不服自不然曾重也自祖而上者皆曾祖也自孫而下者曾孫也雖百世可也苟有相逮者則必為服喪三月故雖成王之于后稷亦称孫而祭礼祝文無遠近皆曰曾孫

礼記祭法言適子適孫適曾孫適玄孫適來孫左傳王子

虎盟諸侯亦曰及而玄孫無有老幼僖公二十八年玄孫之文見于記傳者如此史記孟嘗君傳孫之孫為何曰為玄孫然宗廟之中並無此称詩維天之命駿惠我文王曾孫篤之鄭氏箋曰曾猶重也自孫之子而下事先祖皆称曽孫而已如特旌称曾孫其註謂諸侯事五廟也于曾祖已上称曾孫而已信南山正義自曾祖以至無穷皆得称曽孫左傳哀公二年衛太子禱文王称曾孫蒯聵晋書鍾雅傳元帝詔曰礼事宗廟自曾孫已下皆称曾孫義取于重孫可歷世共其名無所改也

曽祖父母齊衰三月而不言曽祖父之父母後人謂之高祖非經文之脱漏也盖以是而推之矣凡人祖孫相見其得至于五世者鮮矣壽至八九十而後可以見曾孫之子百有餘

曾孫之子之子本曾孫之孫也

後上世皆自稱曾孫對後上世服曾孫之服此禮之至當者不然豈有無服之祖哉

年而曾孫之子之子亦可以見矣人之壽以百年為限故服至五世而窮苟六世而相見焉其服不異于曾祖也經于曾祖已上不言者以是而推之也（晉徐衆人問殷仲堪謂假如玄孫持高祖重來孫都無服及賀循傳謂高祖已上五世六世無服之祖者並非）見于祭之稱曾孫不論世數而知曾祖之名統上世而言之矣

兄弟之妻無服

謂弟之妻父者其嫂亦可謂之母乎（記大傳文同）蓋言兄弟之妻不可以母子為比以名言之既有所閡而不通以分言之又有所嫌而不可以不遠記曰嫂叔之無服也蓋推而遠之也夫外親之同爨猶緦而獨兄弟之妻不為制服者以其分親而年相亜故聖人嫌之嫌之故遠之而大為之

坊曲礼嫂叔不通問不獨以其名也此又傳之所未及也存其恩于娣姒而斷其義于兄弟夫聖人之所以處此者精矣大傳疏曰有從有服而無服嫂叔是也有從無服而有服娣姒是也嫂叔雖不制服然而曰無服而為位者惟嫂叔喪子思之哭嫂也為位檀弓何也曰是制之所抑而情之所不可闕也然而鄭氏曰正言嫂叔尊嫂也若兄公與弟之妻則不能也正義曰兄公于弟妻不為位者卑遠之弟妻于兄公不為位者尊絶之此又足以補礼記不及檀弓言嫂叔之無服雜記言嫂不撫叔〻不撫嫂是兼兄公与弟妻

先君餘尊之所厭

尊〻親〻周道也諸侯有一國之尊為宗廟社稷之主既沒而餘尊猶在故公之庶子于所生之母不得伸其私恩

為之大功也大夫之尊不及諸侯既沒則無餘尊故其庶子於父卒為其私親並依本服如邦人也親不敵尊故厭尊不敵親故不厭此諸侯大夫之辯也後魏廣陵侯衍為徐州刺史所生母雷氏卒表請解州詔曰先君餘尊之所厭礼之明文季末陵遲斯典或廢侯既親王之子宜從餘尊之義便可大功饒陽男遥官左衛將軍遭所生母憂表請解任詔以餘尊所厭不許

晉哀帝為王太妃服三年僕射江虨啓于礼應服緦麻又欲降服期虨曰厭屈私情所以上嚴祖考乃服緦麻胡三省曰以帝入後大宗則太妃乃琅琊國母當以服諸侯者服之也

貴臣貴妾

此謂大夫之服貴臣室老士也貴妾姪娣也皆有相助之義故為之服緦穀梁傳曰姪娣者不孤子之義也古者大夫亦有姪娣左傳臧宣叔娶于鑄生賈及為而死繼室以其姪生紇是也備六禮之制合二姓之好從其女君而歸故謂之貴妾（雷次宗曰姪娣貴而大夫尊輕服至于餘妾出自凡庶故不服）故士無姪娣故喪服小記曰士妾有子而為之緦然則大夫之妾雖有子猶不得緦也惟夫有死于宮中者則為之三月不舉祭述之矣

唐李晟夫人王氏無子妾杜氏生子愿詔以為嫡子及杜之卒也贈鄭國夫人而晟為之服緦議者以為准禮士妾有子而為之緦開元新禮無是服矣而晟擅舉復之頗為

當時所謂冊府元亀今之士大夫緣飾礼文而行此服者比比也

外親之服皆緦

外親之服皆緦外祖父母以尊加故小功從母以名加故小功大傳服術有六三曰名此謂母之兄弟異德異名母之姊妹同德同名庾蔚之云舅云異長母之在室与其姊妹有同居共席之礼故許其因母名以加服之也唐玄宗開元二十三年制令礼官議加服制太常卿韋縚請加外祖父母服至大功九月舅服至小功五月堂姨堂舅々母服至袒免太子賓客崔沔議曰礼教之設本于正家々正而天下定矣正家之道不可以二總一定議理歸正宗所以父以尊崇母以厭降内有齊斬外服皆緦尊名所加不過一等此先王不

易之道其来久矣昔辛有適伊川見被髮而祭于野者曰不及百年此其戎乎其礼先亡矣貞觀修礼特改旧章漸廣渭陽之恩不尊洙泗之典及弘道之後唐元之間韋后武中宗立溫王重茂改元唐龍令國命再移于外族矣礼亡徵避玄宗御名上字故稱唐元兆儻見于斯開元初補闕盧履冰嘗進狀論喪服輕重勅令僉議于時羣議紛拏各安積習太常礼部奏依旧定陛下運稽古之思發獨斷之明特降別勅一依古礼事符典故人知向方式固宗盟社稷之福更圖異議竊所未詳願守八年明旨以為萬代成法職方郎中韋述議曰天生萬物惟人最靈所以尊尊親親別生分類存則盡其愛敬沒則盡其哀戚緣情而制服考事而立言往聖討論亦已勤

矣上自高祖下至玄孫以及身謂之九族由近而及遠稱
情而立文差其輕重遂爲五服雖則或以義降或以名加
教有所重理不踰等百王不易三代可知若以匹敵言外
祖則祖也舅則伯叔父之列也父母之恩不殊而獨殺于
外氏者所以尊祖禰而異于禽獸也且家無二尊喪無二
斬持重于大宗者降其小宗爲人後者減其父母之服女
子出嫁殺其本家之喪盖所存者遠所抑者私也今若外
祖及舅更加服一等堂舅及姨列于服紀之内則中外之
制相去幾何廢理循情所務者末且五服有上殺之義必
循原本方及條流伯叔父母本服大功九月今伯叔父母服是加服
從祖父昆弟亦大功九月並以上出于祖其服不得過于

祖也從祖〻父母從祖父母從祖昆弟皆小功五月以出于曾祖服不得過于曾祖也族祖〻父母族祖父母族祖昆弟皆緦麻三月以出于高祖服不得過于高祖也堂舅姨既出于外曾祖若為之制服則外曾祖父母及外伯叔祖父母亦宜制服矣外祖加至大功九月則外曾祖父母合至小功外高祖合至緦麻若舉此而舍彼事則不均棄親而録踈理則不順推而廣之則與本族無異矣且服皆有報則堂外甥外曾孫姪女之子皆須制服矣聖人豈薄其骨肉背其恩愛蓋本于公者薄于私存其大者畧其細義有所斷不得不然苟可加也亦可減也往聖可得而非則礼経可得而隳矣先王之制謂之彝倫奉以周旋猶恐

失墜一紊其敘庸可止乎礼部員外郎楊仲昌議曰按儀礼為舅緦等文貞公魏徵議同從母例加至小功五月見詳條下雖文貞賢也而周孔聖也以賢改聖後學何從今之所請正同徵論如以外祖父母加至大功豈不加報于外孫乎外孫為報服大功則本宗庶孫又用何等服邪竊恐內外乖序親疏奪倫情之所沿何所不至昔子路有姊之喪而不除孔子曰先王制礼行道之人皆不忍也子路除之此則聖人援事抑情之明例也記不云乎毋輕議礼時玄宗手勅再三竟加舅服為小功舅母緦麻堂姨堂舅袒免宣宗舅鄭光卒詔罷朝三日御史大夫李景讓上言人情于外族則深于宗廟則薄所以先王制礼割愛厚親士庶

猶然況于萬乘親王公主宗屬也舅氏外族也今鄭光輟朝日數與親王公主同非所以別親踈防僭越也優詔報之乃罷而曰夫縣韋述楊仲昌之言可以探本而尊經縣崔沔李景讓言可以察微而防亂豈非能言之士深識先王之禮而亦目見武帝之禍思永監于將來者哉

宗廟之制始變于漢明帝服紀之制始變于唐太宗皆率一時之情而更三代之禮後世不考之主踵而行之

唐人增改服制

唐人所議服制似欲過于聖人嫂叔無服太宗令服小功曾祖父母舊服三月增為五月嫡子〔婦〕服大功增為期衆子婦小功增為大功舅服緦麻增小功新唐書初太宗嘗以同爨緦而嫂叔乃無

古人於短喪有之矣而後人於加服善短喪不失爲眞小人加服則僞君子也

服舅与從母親等而異服詔侍中魏徵礼部侍郎令狐德棻等議舅爲母族姨乃外戚他姓舅服一等姨乃五月古人未達者也于是服曾祖父母齊衰三月者增以齊衰五月適子婦大功增以期衆子婦小功增以大功叔嫂以服小功五月報弟妻及夫兄同舅服緦增以小功然律疏舅報甥服猶緦顯慶中長孫無忌以爲甥爲舅服同從母則舅宜進同從母報又古庶母緦今無服且庶母之子父在昆弟也爲之杖齊是同氣而吉凶異自是亦改服緦爲母服期高宗増爲三年婦爲夫之姨舅無服玄宗令從夫服又増舅母緦麻堂姨舅袒免而弘文館直學士王元感遂欲増三年之喪爲三十六月旧唐書張柬之傳何休註公羊傳言魯文公乱聖人制欲服喪三十六月皆務飾其文欲厚于聖王之制而人心弥澆風化弥薄不探其本而妄爲之増益亦未見其名之有過乎三王也是故知廟有二主之非則叔孫通之以益廣宗廟爲大孝者紕矣知親親之殺礼所繇生則太宗魏徵

所加嫁叔諸親之服者紕矣唐書礼樂志言礼之失也在于學者好為曲說而人君一切臨時申其私意以增多為盡礼而不知煩數之為黷也子曰道之不明也賢者過之夫賢者率情之偏猶為悖礼而况欲以私意求過乎三王者哉記曰始三日不怠三月不解期哀悲三年憂恩之殺也聖人因殺以制節此喪之所以三年賢者不得過不肖者不得不及此喪之中庸也

宋熙寧五年中書門下議不祧僖祖祕閣校理王介上議曰夫物有無窮而礼有有限以有限制無窮此理之所以起而天子所以七廟也今夫自考而上何也必曰祖自祖而上何也必曰曾祖自曾祖而上何也必曰高祖自高祖而上又何也必曰曾祖及見則聞而知之者也今欲祖其

祖而追之不已祖之上又有祖則固有無窮之祖矣聖人制爲之限此天子所以七廟自考廟而上至顯祖之外而必祧也自顯祖之外而祧亦猶九族至高祖而止也皆以礼爲之界也五世而斬故也喪之三年也報罔極之恩也以罔極之恩爲不足報則固有無窮之報乎何以異于是故喪之罔極而三年也族之久遠而九也廟之無窮而七也皆先王之制弗敢過焉者也記曰品節斯〻之謂礼易于節之象曰君子以制度數議德行唐宋之君豈非昧于節文之意者哉

貞觀之喪服開元之廟謚與始皇之狭小先王之宫廷而作爲阿房者同一意也

報于所為後之兄弟之子若子

所後者為所後之親（上斬章言所後者是也鄭注衍一為字）謂所後為出而為後之人

為人後者于兄弟降一等自期降于大功也兄弟之子報之亦降一等亦自期為大功也若子者兄弟之孫報之亦降一等自小功降而為緦也

庶子為後者為其外祖父母從母舅無服

與尊者為一體不敢以外親之服而廢祖考之祭故絀其服也言母黨則妻之父母可知

考降

考父也既言父又言考者猶易言幹父之蠱有子考無咎

也降者骨肉帰復于土也記曰體魄則降人死則魂升于天魄降于地書曰礼陟配天陟言升也又曰放勲乃徂落落言降也然曰文王陟降何也神無方也可以两在而兼言之

噫歆

士虞礼聲三注聲者噫歆也将啓户警覔神也曽子問祝聲三註聲噫歆警神也盖歎息而言神其歆我乎猶詩顧予烝嘗之意也喪之皐某復祭之噫歆皆古人命鬼之辭正義曰直云祝聲不知作何聲論語云顔淵死子曰噫天喪予檀弓云公肩假曰噫是古人發聲多云噫故知此声亦謂噫也凡祭祀神之所享謂之歆今作声欲令人歆享故云歆警神也

既夕礼聲三註舊説以為噫興也噫興者歎息而欲神之

與也噫歆者歎息而欲神之歆也

日知録卷之八

毋不敬

毋不敬儼若思安定辭修己以敬也安民哉修己以安人也儼若思安定辭何以安民子曰危以動則民不與也惧以語則民不應也詩云彼都人士狐裘黄黄其容不改出言有章行歸于周萬民所望

女子子

女子子謂己所生之子若兄弟之子言女子者别于男子也猶左氏言女公子古人謂其女亦曰子詩曰齊侯之子衛侯之妻論語曰以其子妻之是也此章言男女之别故知女子於子之上以明之下乃專言兄弟者兄弟至親兄弟之子

姊妹猶弗與同席同器而況于姑乎況于女子子乎不言從子不言父據兄弟可知也喪服小記言女子子在室為父母杖然則女子子○為己所生之子明矣○胡氏謂重言子衍文黄氏以為女子之子皆非

内則曰七年男女不同席不共食則不待已嫁而反矣

娶妻不娶同姓

姓之為言生也左傳昭四年問其姓對曰余子長矣詩曰振振公姓天地之化專則不生兩則生故叔詹言男女同姓其生不蕃晉語曰同姓不昏懼不殖也而子產之告叔向云内官不及同姓美先盡矣則相生疾晉司空季子之告公子曰異德合姓鄭史伯之对桓公曰先王聘后于異姓務和同也聲一無聽物一無

文是知礼不娶同姓者非但防嫌亦以戒独也故曲礼納女于天子曰備百姓吴語句践請一介嫡女執箕帚以晐姓于王宫而郊特牲註云百官公卿以下也百姓王之親也吕刑官伯族姓族同族姓異姓傳易曰男女睽而其志通也是以王御不参一族其所以合陰陽之化而助嗣續之功者微矣

古人以異姓為昏姻之稱大戴曰南宫縚夫子信其仁以為異姓謂以兄之子妻之也周礼司儀時揖異姓鄭氏註引此

姓之所從来本于五帝五帝之得姓本于五行則有相配相生之礼故傳言有嬀之後將育于姜又曰姬結耦其生必蕃而後世五音族姓之説自此始矣晉嵇康論曰五行

有相生故同姓不昏

旧唐書吕才序宅経謂五姓之說本無所出惟堪輿経黄帝対于天老乃有五姓之言今考漢書王莽傳卜者王况謂李焉君姓李李者數徵火也後漢蘇竟与劉龔書五七之家三十五姓彭秦延氏不得与爲李雲上書高祖受命至今三百六十四歲君期一周當有黃精代見姓陳項虞田許氏不可令此人居太尉太傳典兵之官五姓之說始見于此蓋与讖記之文同起于哀平之世而京房傳房本姓李推律自定為京氏白虎通曰古者圣人吹律定姓以記其族爾雅翼曰古者司商協名姓人始生吹律合之定其姓名易是謀類曰黃帝吹律定姓論衡言孔子吹律自知殷宋大夫子氏之世則古人以律吹姓亦必有法潛夫論言凡姓之有音也必隨其本生祖所出也太暐木精承歲星而王夫其子孫咸當為角神農火精承熒惑而王夫其子孫咸當為徵黃帝土精承填而王夫其子孫咸當為宮少昊金精承太白而王夫其子孫咸當為商顓頊水精承辰而王夫其子孫咸當為羽雖號百变音形不易此則五姓所以分屬五音之說与春秋裨竈史趙史伯諸人之論大抵相同不可謂其無本　宋時於尚五音之說雲麓漫鈔言永安諸陵皆東南地穹西北地垂東南有山西北無山角音所利如此

春秋時最重族姓至七國時則絶無一語及之者正猶唐人最重譜牒而五代以後則蕩然無存人亦不復問此百餘年間世變風移可爲長歎也已

父不祭子夫不祭妻

父不祭子夫不祭妻不但分有所不當而以尊臨卑則死者之神亦必不安故其當祭則有代之者矣此别是一條説者乃蒙上餕餘不祭之文而爲之觧殆以山東人作不徹薑食不多食義即謂喪則祥禫之祭未嘗不行

檀弓

讀檀弓二篇及曾子問乃知古人于礼服講之悉而辨之

如此漢書言夏侯勝善説礼服蕭望之從夏侯勝問論語礼唐開元四部書目喪服傳義疏有二十三部昔之大儒有專以喪服名家者其去鄒魯之風未遠也故蕭望之為太傅以論語礼服授皇太子宋元嘉末徵隱士雷次宗詣京邑築室于鍾山西巖下為皇太子諸王講喪服經齊初何佟之為國子助教為諸王講喪服陳後主在東宮引王元規為学士親授礼記左傳喪服等義魏孝文帝親為群臣講喪服于清徽堂而梁書言始興王憺薨昭明太子命諸臣共議從明山賓朱异之言以慕悼之辭宜終服月梁陳北齊各有皇帝皇后太子王侯下喪服之書謂之凶儀夫以至尊在御不廢講求喪礼異于李義府之言不豫凶事而去國恤一篇者矣旧唐書李

義府傳初五礼儀注自前代相沿吉凶畢奏太常博士蕭楚材孔志約以皇室凶礼為豫備凶事非臣子所宜言義府深然之于是悉刪而焚焉　裴守真傳為太常博士高宗崩時無大行凶儀守真與同時博士韋叔夏輔抱素等討論旧事創為之　宋史章衡傳熙寧初判太常寺建言自唐開元纂修礼書以國恤一篇為豫凶事刪而去之故不幸遇事則捃摭墜殘茫無所据今宜為厚陵集礼以貽萬世從之

宋孝宗崩光宗不能執喪寧宗嗣服已服期年喪欲大祥畢更服兩月監察御史胡紘言孫為祖服已過期矣議者欲更持禫兩月不知用何典礼若曰嫡孫承重則太上聖躬亦已康服于宮中自行二十七月之重服而陛下又行之是喪有二孤也詔侍從臺諫給舍集議時朱熹君前臣名上議以紘言為非而未有以折之後讀禮記正議喪服小記為祖後者條因自識于本議之末其畧云準五服年月格

斬衰三年嫡孫為祖謂承重者法意甚明而礼經無文傳云父沒而為祖後者服斬然而不見本經未詳何註但小記云祖父卒而后為祖母後者三年可以傍照至為祖後者條下疏中所引鄭志乃有諸侯父有廢疾不任國政不任喪事之問而鄭答以天子諸侯之服皆斬之文儀礼喪服篇不杖章為君之祖父母下疏引此趙商問答亦方見父在而承国于祖之服向日上此奏時無文字可檢諱闕又無朋友可問故大約且以礼律言之亦有疑父在不當承重者時無明白證驗但以礼律人情大意答之心常不安歸來稽考始見此說方得無疑乃知斈之不講其害如此而礼經之文誠有闕畧不無待于後人何使無鄭康成則此事終未有斷決不可直謂古經

定制一字不可增損也昔人謂讀書未到康成不敢輕議漢儒以此嗚呼若曾子子游之倫親受斈于聖人其于節文之變辨之如此其詳也今之斈者生于草野之中當礼壞樂崩之後于古人之遺文一切不為之討究而曰礼吾知其敬而已喪吾知其哀而已以空斈而議朝章以清談而干王政是尚不足以闚漢儒之里而何以升孔子之堂哉

論語之言斯者七十而不言此檀弓之言斯者五十有三而言此者一而已大斈成于曾氏之門人而一卷之中言此者十有九語音輕重之間而世代之別從可知已爾雅曰茲斯此也今考尚書多言茲論語多言斯大斈以後之書多言此

太公五世反葬于周

太公汲人也聞文王作然後歸周史之所言也就封于齊矣其後入為太師薨而葬于周事未可知使其有之亦古人因薨而葬不擇地之常爾記以首丘喻之亦已謬矣乃云比及五世皆反葬于周夫齊之去周二千餘里而使其已化之骨跋履山川觸冒寒暑自東徂西以葬于封守之外于死者為不仁古之葬者祖于庭塴于墓反哭于其寢故曰葬日虞弗忍一日離也使齊之孤重趼送葬曠月淹時不獲遵五月之制速反而虞于生者為不孝且也入周之境而不見天子則不度離其喪次而以衰絰見則不祥若其孤不行而使卿攝之則不恭勞民傷財則不惠此數者無一而可禹葬會稽其後王不從而殺之南陵有夏后

皋之墓豈古人不達礼樂之義哉体魄則降知氣在上故古之事其先人于廟而不于墓聖人所以知幽明之故也然則太公無五世反葬之事明矣水經注淄水下有胡公陵青州刺史傅弘仁言得銅棺隸書處胡公太公之玄孫未嘗反葬于周

扶君

扶君卜人師扶右註卜當為僕射人師扶左君薨以是舉此所謂男子不死于婦人之手也三代之世侍御僕從罔非正人綴衣虎賁皆惟吉士與漢高之獨枕一宦者卧異矣春秋傳曰公薨于小寢既安也魏中山王袞疾病命官屬以時營東堂〻成輿疾徙居之其得礼之意者與

二夫人相為服

從母之夫舅之妻二夫人相為服從母之夫與謂吾從母之夫者相為服也舅之妻與謂吾舅之妻者相為服也上不言妻之姊妹之子下不言夫之甥語繁而冗不可以成文也聞一知二吾于孟子以紂為兄之子言之

同母異父之昆弟

同母異父之昆弟不當有服子夏曰吾未之前聞也此是正說而又曰魯人則為之齊衰則多此一言矣狄儀從而行之後人踵而效之今之齊衰狄儀之問也以其為大賢之所許也然則魯人之前固未有行之者矣是以君子無輕議礼

廣安游氏曰後世所承傳之礼者出三代之末沿礼之失

按檀弓有孔氏不喪出母自子思始之文後人遂傳孔子三世皆出妻竊謂孔子大聖子思大賢似不能皆出其妻且出母在所生之母也左傳康公我之所自出是矣不喪出母在以嫡母在不得為三年喪耳所云為伋也妻者為白也母云云蓋不為嫡母所出故子思不令服三年喪耳

謹識 訂誤

而為之者不喪出母古礼之正也孔氏喪出母惟孔子行之而非以為法今礼家為出母服齊衰杖期此後世之為非礼之正也同母異父之昆弟子游曰為之大功魯人為之齊衰亦非礼之正也昔聖人制礼教以人倫使之父子有親男女有別然後一家之尊知統乎父而厭降其母同姓之親厚乎異姓父在則為母服齊衰期出母則不為服後世既為出母制服則雖異父之子以母之故亦為之服矣此其故在乎不明父母之辨一統之尊不圖同姓異姓之親而致然也及後世而父在升其母三年之服至異姓之服若堂舅堂姨之類亦相緣而升夫礼者以情義言也情義者有所限止不可踰給也母統于父厭于父則不得

不厭降于其母厚于同姓則不得不降殺于異姓夫是以父尊而母卑夫尊而婦卑君尊而臣卑皆順是而為之也今子游欲以意為大功此皆承世俗之失失之之源其來寖遠後世不考其原而不能正其失也

子卯不樂

古先王之為後世戒也至矣欲其出而見之也故亡國之社以為廟屏穀梁傳欲其居而思之也故子卯不樂檀弓下稷食菜羹玉藻而大史奏之以為諱惡王制鄭氏註諱先王名惡子卯日此君子安而不忘危存而不忘亡之義也漢以下人主莫有行之者惟崔琰諫魏世子田獵曾引此義後周武帝天和元年五月甲午詔曰道德交喪禮義嗣興褒四始于一言美三千于為敬是

以在上不驕處滿不溢富貴所以長守邦國于焉乂安故能承天靜地和民敬鬼明並日月道錯四時朕雖膚昧有志前古甲子乙卯礼云不樂萇弘表昆吾之稔杜蕢有揚觶之文自世道衰亂礼儀斎毀此典茫然已墜于地昔周王受命請聞巔項庙有戒盈之器室為復礼之銘翦伊未夆而能忘此宜依是日省事停樂庶知為君之難為臣不易貽之後昆殷監斯在春秋莊公二十一年春王正月肆大青公羊傳作大省何休註謂子卯日也先王常以此日省吉事不忍夆又大自省勅得無有此行乎子甲子也卯乙卯也古人省文但言子卯翼奉乃謂子為貪狼卯為陰賊是以王者忌子卯礼經避之春秋諱爲此術家之說非经義也

君有饋焉曰獻

仕而未有禄者君有饋焉曰獻使焉曰寡君示不純臣之道也長樂陳氏曰賔之而弗臣故有饋焉不曰賜而曰献其將命之使不但曰君而曰寡君若子思之仕衛孟子之事齊是也註以君有饋為饋于君者非故哀公執摯以見周豐而老萊子之于楚王自称曰僕荀子周公自言所執摯而見者十人蓋古之人君有所不臣故九经之序先尊賢而後敬大臣尊賢其所不臣者也至若武王之訪于箕子变年称祀不敢以維新之號臨之恪舊之心師臣之礼又不可以尋常論矣

卹妻考公

卹妻考公之喪徐君使容居来吊含註考公隱公益之曾孫考或為定按隱公當魯哀公之時傳至曾孫考公其去

春秋已遠而魯昭公三十年吳滅徐徐子章羽奔楚〻沈尹戌帥師救徐弗及遂城夷使徐子處之是已失國而為寓公其尚能行王礼于鄰國乎定公在魯文宣之時作定為是

囙國

有勝國有囙國周礼媒氏凡男女之陰訟聽之于勝國之社喪祝掌勝國邑之社稷之祝號士師若祭勝國之社稷則為之尸書序言湯既勝夏欲遷其社又言武王勝殷左傳凡勝国曰滅之文公十五年是也左傳哀公十三年今吳王有墨國勝乎註國為敵所勝王制天子諸侯祭囙國之在其地而無主後者左傳子產對叔向曰遷閼伯于商丘主辰商人是囙遷實沈于大

夏主參唐人是因（昭公元年）齊晏子對景公曰昔爽鳩氏始居此地季萴因之有逢伯陵因之蒲姑氏因之而後太公因之（昭公二十年）是也（都宗人註都或有山川及因國無主九皇六十四民之祀）

文王世子

文王之為世子朝于王季日三雞初鳴而衣服至于寢門外不獨文王之孝亦可以見王季其勤也為父者未明而衣則為子者雞鳴而起矣苟宴安自逸又何怪乎其子之惰四支而不養也是以小宛之詩必曰夙興夜寐而管寧以三日晏起自訟其愆古人之以身行道者如此

武王帥而行之

文王之孝可謂至矣武王帥而行之不敢有加焉如三朝

食上色憂復膳之節皆不敢有過于文王此中庸之行而凡後人之立意欲以過於前人者皆有所為而為之也故樂正子春之母死五日而不食曰吾悔之自吾母而不得吾情吾惡乎用吾情

用日干支

三代以前擇日皆用干郊特牲郊日用辛社日用甲書召誥丁巳用牲于郊戊午乃社于新邑而月令擇元日命民社詩鄭註謂春分前後戊日則郊不必用辛社不必用甲矣吉日維戊既伯既禱穀梁傳六月上甲始庀牲十月上甲始繫牲月令仲春上丁命樂正習舞釋菜仲丁命樂正入学習樂季秋上丁命樂正入学習吹春秋七月上辛大雩季辛又雩易蠱卦先甲三日後甲三日巽九五先庚三日

礼用剛用柔亡止言
干多不言支

後庚三日之類是也秦漢以下始多用支如午祖戌臘三月上巳祓除張衡南都賦于是暮春之禊元巳之辰及正月剛卯之類是也月令擇元辰躬耕帝籍盧植說曰日甲至癸也辰子至亥也郊天陽也故以日籍田陰也故以辰蔡邕月令章句云日幹也辰支也有事于天用日有事于地用辰此漢儒之說考之經文無用支之證夏小正二月丁亥用入學二月不必皆有丁亥蓋夏后氏始行此禮之日值丁亥而用之也既郊時牲言郊之用辛也周之始郊日以至言周人以日至郊適值辛日謂以支取亥者非

社日用甲

月令擇元日命民社註祀社日用甲據郊特牲文日用甲用日之始也正義曰召誥戊午乃社于新邑用戊者周公

告營洛闕諱邑位成　非常祭也墨子云吉日丁卯周代祀社疑不可信禮外事用剛日丁卯非也漢用午魏用未晉用酉各因其行運潘尼皇太子社詩孟月涉初旬吉日惟上酉則不但用酉又用孟月唐武后長壽元年制更以九月為社玄宗開元十八年詔移夏日就千秋節皆失古人用甲之義矣

不齒之服

道二仁與不仁而已矣出乎吉則入乎凶惰游之士縞冠垂緌不齒之人玄冠縞武以其為自吉而之凶之人故被之以不純吉而襍乎凶之服

為父母妻長子禫

禫者終喪之祭父母之喪中月而禫固已妻與長子何居

夫不有祖父母伯叔父母及昆弟乎曰夫為妻父為長子喪之主也服除而禫非夫非父其誰主之若祖父母伯叔父母及兄弟則各有主之者矣故不禫

父在為母則從乎父而禫

為殤後者以其服服之

為殤後者以其服服之殤無為人父之道而有為殤後者此禮之變也謂大宗之子未及成人而殤取殤者之兄弟若兄之子以為後則以為人後之服而服之其服不以其殤而殺重大宗也若魯之閔公八歲而薨僖為之後是也夫禮之制殤所以示長幼之節而殺其恩也大宗重則長幼之節輕故殤之服而有時不異乎成人不以宜殺之恩

而虧尊祖之義此所謂權也若曰服其本服云爾記何必言之而亦烏有為殤後者哉

庶子不以杖即位

古之為杖但以輔病而已其後以杖為主喪者之用喪無二主則無二杖故庶子不以杖即位夫為妻杖則其子不杖矣父為長子杖則其孫不杖矣襍記曰為長子杖則其子不以杖即位其子長子之子

婦人不為主而杖者

無杖則不成喪故女在室父母死而無男昆弟則女子杖其曰一人明無二杖也姑在為夫杖必其無子也母為長子削杖必其無父也此

二者皆無主之喪故婦人杖

庶姓别于上

庶姓者子姓也特牲饋食礼言子姓兄弟註曰所祭者之子孫言子姓者子之所生玉藻喪大記並言子姓註曰子姓謂衆子孫也玉藻縞冠玄武子姓之冠也正義曰姓生也孫是子之所生故云子姓故詩言公姓以継公子而同父之変文則云同姓此所云庶姓别于上者亦子姓之姓與周礼司儀之云土揖庶姓者文同而所指異也註以始祖為正姓高祖為庶姓意亦不殊然多此兩姓之目

愛百姓故刑罰中

人君之于天下不能以獨治也獨治之而刑繁矣衆治之而刑措矣古之王者不忍以刑窮天下之民也是故一家

之中父兄治之一族之閒宗子治之其有不善之萌莫不自化於閨門之内而猶有不帥教者然後歸之士師然則人君之所治者約矣然後原父子之親立君臣之義以權之意論輕重之序慎測淺深之量以別之悉其聰明致其忠愛以盡之夫然刑罰爲得而不中乎是故宗法立而刑清天下之宗子各治其族以服人君之治罔攸兼于庶獄而民自不犯于有司風俗之醇科條之簡有自來矣詩曰君之宗之吾是以知宗子之次於君道也

庶民安故財用足

民之所以不安以其有貧有富貧者至於不能自存而富者常恐人之有求而多爲吝嗇之計於是乎有爭心矣夫

子有言不患貧而患不均夫惟收族之法行而歲時有合食之恩吉凶有通財之義本俗六安萬民三曰聯兄弟而鄉三物之所興者六行之條曰睦曰恤不待王政之施而矜寡孤獨廢疾者皆有所養矣此所謂均無貧者而財用有不足乎至於葛藟之刺興角弓之賦作九族乃離一方相怨而瓶罍交恥泉池並竭然後知先王宗法之立其所以養人之欲而給人之求為周且豫矣宋范文正公蘇州義田至今適孫猶守其法范氏無窮人

術有序

學記術有序註術當為遂聲之誤也周禮萬二千五百家為遂按水經注引此作遂有序周禮遂人之職五家為鄰

五鄰為里四里為酇五酇為鄙五鄙為縣五縣為遂皆有地域溝樹之使各掌其政令遂人中大夫二人遂師下大夫四人上士八人中士十有六人旅下士三十有二人遂大夫每遂中大夫一人又按月令審端徑術註術周礼作遂夫間有遂遂上有徑徑小溝也春秋文公十二年秦伯使術來聘公羊傳漢書五行志並作遂管子度地篇百家為里里十為術術十為州術音遂此古術遂二字通用之證陳可大集說改術為州非也

周礼州長會民射于州序陳氏礼書曰州曰序記言遂有序何也周礼遂官各降鄉官一等則遂之學亦降鄉一等矣降鄉一等而謂之州長其爵與遂大夫同則遂之學其名與州序同可也

惟良臨民有其道焉
然必三年中王而後謂之
存也

師也者所以學為君

三代之世凡民之俊秀皆入大學而教之以治國平天下之事孔子之於弟子也四代之礼樂以告顔淵五至三無以告子夏而又曰雍也可使南面然則内而聖外而王無異道矣其繫易也曰九二曰見龍在田利見大人何謂也子曰龍德而正中者也庸言之信庸行之謹閑邪存其誠善世而不伐德慱而化易曰見龍在田利見大人君德也君子學以聚之問以辨之寛以居之仁以行之易曰見龍在田利見大人君德也故曰師也者所以學為君也

肅肅敬也

肅肅敬也雍雍和也詩本肅雍一字而引之二字者長言

之也詩云有洸有潰毛公傳之曰洸洸武也潰〻怒也即其例也

以其綏服

男子以車為居以弓矢為器故其生也桑弧蓬矢以射天地四方其死也設法麗于擊比奠則弓矢之新沽功有弭飾為亦張可也以射者男子之事也如死於道則升其乘車之左轂以其綏服註叚綏為綏謂旌旂之旄也以旄復死不切于事廣陵吳氏曰此復寃既在車當是執綏之綏以車者男子之居也晉書相逖傳諭災星告豢筌轂徒招用此升車必正立執綏徐鉉曰綏者所執轡之總以其綏服者象其行也象其行所以達其志也於是有朝聘而終以尸將事之禮矣左氏哀公十五年傳聘禮賓死以棺造朝介將命宋史章頻傳為刑部郎中使契丹至紫濛館卒契丹遣內侍

(就館奠祭命接伴副使吴克荷護其喪以錦車駕橐駞載至中京斂以銀飾棺具鼓吹羽葆吏士衛送至白溝知)婁復之以矢猶有殺敵之意為此正於礼者之礼也

親喪外除兄弟之喪内除

親喪外除者祥為喪之終矣而其哀未忘故中月而禫兄弟之喪内除者如其日月而止

十五月而禫

期之喪十一月而練十三月而祥十五月而禫孔氏曰此言父在為母亦備二祥節也蓋以十月當大喪之一周踰月則可以練矣故用十一月而練以十二月當大喪之再周踰月則可以祥矣故用十三月而祥(必言十一月十三月者親喪外除)又加兩月為則與大喪之中月同可以禫矣故用十五月而

禫

父在為母其禫也父主之則夫之為妻亦當十五月而禫矣晋孫楚除婦服詩但以一周而畢蓋不數禫也月其他期喪祥禫之祭皆不在己則亦以十一月而練十三月而除可知故鄭氏曰凡齊衰十一月皆可以出弔

妻之黨雖親弗主

姑姊妹其夫死而夫黨無兄弟使夫之族人主喪妻之黨雖親弗主夫若無族矣則前后家東西家無有則里尹主之此文以姑姊妹發端以戒人不可主姑姊妹之夫之喪也夫寧使疏遠之族人與隣家里尹而不使妻之黨為之主聖人之意蓋已逆知後世必有如王莽假母后之權行居

攝之事而纂漢家之統而豫為之坊者矣別內外定嫌疑自天子至於庶人一也或曰主之而附於夫之黨是惡知礼意哉

吉祭而復寢

禫而從御吉祭而復寢互言之也鄭註已明而孔氏乃以吉祭為四時之祭雖禫之后必待四時之祭訖然後復寢非也禫即吉祭也豈有未復寢而先御婦人者乎

如欲色然

人少則慕父母知好色則慕少艾能以慕少艾之心而慕父母則其誠無以加矣正義云王肅解欲色為如欲見父母之顏色鄭何得比父母於女色馬昭申云孔子曰吾未見好德如好色者是亦比色于德張融云如好色取其甚也于文無妨

如惡惡臭如好好色 賢賢易色可見至賢易色不諱也

先古

祭義以事天地山川社稷先古先古先祖也詩曰以似以續〻古之人亦謂其先人也近曰先遠曰古故周人謂其先公曰古公

愽愛

先之以愽愛而民莫遺其親左右就養無方謂之愽愛

以養父母日嚴

故親生之膝下以養父母日嚴孩提之童知愛而已稍長然後知敬知敬然後能嚴子曰今之孝者是謂能養至於犬馬皆能有養不敬何以别乎故鷄初鳴而衣服至於寢門外問衣燠寒疾痛苛癢而敬抑搔之出入則或先或後

而敬扶持之敬之始也詩云戰戰兢兢如臨深淵如履薄冰而今而後吾知免夫敬之終也日嚴者與日而俱進之謂

日知録卷之九

致知

致知者知止也董文清槐以知止二節合聽訟章爲格物傳知止者何爲人君止於仁爲人臣止於敬爲人子止於孝爲人父止於慈與國人交止於信是之謂止知止然后謂之知至君臣父子國人之交以至於礼儀三百威儀三千是之謂物

詩曰天生烝民有物有則孟子曰舜明於庶物察於人倫昔者武王之訪箕子之陳曾子子游之問孔子之答皆是物也故曰萬物皆備於我矣

惟君子爲能体天下之物故易曰君子以言有物而行有恒記曰仁人不過乎物孝子不過乎物

以格物為多識于鳥獸草木之名則末矣知者無不知也當務之為急聽訟者與國人交之一事也

顧諟天之明命

維天之命於穆不已其在于人日用而不知莫非命也故詩書之訓有曰顧諟天之明命又曰永言配命自求多福又曰若生子罔不在厥初生自貽哲命又曰惟克天德自作元命配享在下而劉康公之言曰民受天地之中以生所謂命也是以有動作礼義威儀之則以定命也彼其之子邦之司直而以為舍命不渝乃知之人懷昏姻也而以為不知命然則子之孝臣之忠夫之貞婦之信此天之所

命而人受之爲性者也故曰天命之謂性求命于𡨋𡨋之表則離而二之矣

于迹續乃命于天人事也理之所至氣亦至焉是以含章中正而有隕自天匪正之行而天命不佑

桀紂帥天下以暴

仲虺之誥篇曰簡賢附勢實繁有徒多方篇曰叨懫日欽劓割夏邑此桀民之從暴也微子篇曰殷罔不小大好草竊奸宄卿士師師非度凡有辜罪乃罔恒獲小民方興相爲敵讎此紂民之從暴也故曰幽厲興則民好暴古之人所以胥訓告胥保惠胥教誨而不使民之陷於邪辟者何哉上無礼下無學賊民興喪無日矣天保之詩皆祝其君

以受福之辭而要其指歸不過曰民之質矣日用飲食羣黎百姓徧為尔德然則人君為國之存亡計者其可不致審於民俗哉

財者末也

古人以財為末故舜命九官未有理財之職周官財賦之事一皆領於天官冢宰而六無卿專任焉漢之九卿一太常二光禄勳三衛尉四太僕五廷尉六鴻臚七宗正八大農武帝太初元年更名大司農九少府應劭曰少者小也師古曰大司農供軍國之用少府以養天子大農掌財在后少府掌天子之私財又最后唐之九卿一太常二光禄三衛尉四宗正五太僕六大理七鴻臚八司農九太府大畧與漢不殊而戶部不過尚書省之屬官

故與吏禮兵刑工並列而為六至於大司徒教民之職宰相實總之也罷宰相廢司徒以六部尚書為二品非重教化後貨財之義矣

未有上好仁而下不好義者也

治化之隆則遺秉滯穗之利及於寡婦恩情之薄則擾鋤箕帚之色加於父母故欲使民興孝興弟莫急於生財以好仁之君用不肯聚斂之臣則財足而化行人人親其親長其長而天下平矣

君子而時中

記曰礼時為大順次之体次之宜次之稱次之堯授舜舜授禹湯放桀武王伐紂時也天地之祭宗廟之事父子之

道君臣之義倫也社稷山川之事鬼神之祭体也喪祭之用賓客之交義也羔豚而祭百官皆足太牢而祭不必有餘此之謂稱也古之聖人內之為尊外之為樂少之為貴多之為美是故先王之制禮也不可多不可寡也唯其稱也此所謂君子而時中者也故易曰二簋應有時損剛益柔有時舜之大孝文王之無憂武王周公之達孝皆所謂時中也

子路問強

洪範六極六曰弱鄭康成註愚懦不毅為弱故子路問強

素夷狄行乎夷狄

素夷狄行乎夷狄然則將居中國而去人倫乎非也處夷狄之邦而失不吾中國之道是之謂素夷狄行乎夷狄也

六經所載帝舜猾夏之咨殷宗有截之頌礼記明堂之位春秋會朝之書凡聖人所以為内夏外夷之防也如此其嚴也文中子以元經之帝魏謂天地有奉生民有庇即吾君也何其語之偷而悖乎宋陳同甫謂黃初以来陵夷四百餘載夷狄異類迭起以主中國而民生常覬一日之安寧於非所當事之人以王仲淹之賢而猶為此言其無以異乎凡民矣夫亡有迭代之時而中華不復之日若之何以萬古之心胷而區區於旦暮乎楊循吉作金小史序曰由當時觀之則完顏氏帝也盟主也大國也由後世觀之則夷狄也盜賊也禽獸也此所偷也漢和帝時侍御史魯恭上疏曰夫戎狄者四方之異氣蹲夷踞肆與鳥獸無別若雜居中國則錯亂天氣汙辱善人夫以亂辱

天人之世而論者欲將毁吾道以殉之此所謂悖也孔子有言居處恭執事敬與人忠雖之夷狄不可棄也夫是之謂素夷狄行乎夷狄也若乃相率而臣事之奉其令行其俗甚者導之以爲虐于中國而藉口於素夷狄之文則子思之罪人也已

鬼神

王道之大始於閨門妻子合兄弟和而父母順道之迩也卑也郊爲而天神假廟爲而人鬼饗道之遠也高也先王事父孝故事天明事母孝故事地察修之爲經布之爲政本於天殽於地列於鬼神達於喪祭射御冠昏朝聘而天下國家可得而正也若舜若文武周公所謂庸德之行而

人倫之至者也故曰君子之道造端乎夫婦及其至也察乎天地

人之有父母也鷄鳴問寢左右就養無方何其近也及其既亡而其容與聲不可得而接於是或求之陰或求之陽然後優然必有見乎其位然后乃憑工祝之傳而致賚於孝孫生而為父母没而為鬼神子曰為之宗廟以鬼享之此之謂也（論語菲飲食而致孝乎神鬼）洋洋乎如在其上如在其左右顯順父母而推之也

記曰文王之為世子朝於王季日三鷄初鳴而衣服至於寢門外問內豎之御者曰今日安否何如內豎曰安文王乃喜及日中又至如之及暮又至亦如之其有不安

節則內豎以告文王文王色憂行不能正履王季復膳然后亦復初食上必在視寒煖之節食下問所膳命膳宰曰末有原應曰諾然後退又曰文王之祭也事死者如事生思死者如不欲生忌日必哀稱諱如見親祀之忠也如見親之所愛如欲色然其文王與詩云明發不寐有懷二人文王之詩也夫惟文王生而事親如此孝故沒而祭如此之忠而如親之或見也苟其生無養志之誠則其沒也自必無感通之理故曰惟孝子為能饗親而夫子之告子路亦曰未能事人焉能事鬼是故庸德之行莫先於父母之順而郊社之礼禘嘗之義緣之以起明此而天下國家可得而治矣

在上位者能順乎親而後可以事天享帝在下位者能順乎親而後可以獲上治民

程子曰鬼神天地之功用而造化之迹也張子曰鬼神者二氣之良能也用以鮮易神也者妙萬物而為言一章斯為切當如二子之説則視之而弗見聽之而弗聞者鬼神也其可見可聞者亦鬼神也今夫子但言弗見弗聞知其為祭祀之鬼神也

質諸鬼神而無疑猶易乾文言所謂與鬼神合其吉凶謙豊二象亦以鬼神與天地人並言

期之喪達乎大夫

喪服自期以下諸侯絶大夫降者説者以為期已下之喪

皆其臣屬故不服然制禮之意不但為此古人有喪不祭諸侯有山川社稷宗廟之事不可以曠故惟服三年而不服期大夫亦與於其君駿奔在廟之事但人數多不至於曠故但降之而已此古人重祭之義後人不知但以為貴貴而已正義曰期之喪達乎大夫謂旁親所降在大功者得為期喪還之大功之服若天子諸侯旁期之親則不服也諸侯亦有期服如始封之君不臣諸父昆弟封君之子不臣諸父而臣昆弟且亦有大功服如姑姊妹嫁於國君尊同則不降記特舉其大槩言之爾

三年之喪達乎天子

父母之喪無貴賤一也即解上三年之喪達乎天子一句

此舉其重者而言然三年之喪不止父母左氏昭公十五年傳王一歲而有三年之喪二焉謂穆母與太子王后謂之三年者據達子之志而言其實也期是天子亦有期喪

達孝

達孝者達於上下達於幽明所謂孝弟之至通於神明光於四海無所不通者也與達道達德之達同義

思事親不可以不知人

無豐于昵祖己之所以戒殷王也自八以下衆仲之所以對魯隱也以客為臣子游之所以規文子也親親之道賴賢人而明者多矣漢哀帝聽冷褒段猶之言而尊定陶共皇唐高宗聽李勣之言而立皇后武氏不知人之禍且至於斁

倫亂紀而不顧可不慎哉

人倫之大莫過於君父而子夏先之以賢賢易色何也思事親不可以不知人也父子之親長幼之序男女之別非師不明以教人以禮者師之功也故曰師無當於五服五服弗得不親

　　誠者天之道也

誠者天之道也故天下雷行物與無妄而先王以茂對時育萬物

天叙有典勅我五典五惇哉天秩有禮自我五禮有庸哉天命有德五服五章哉天討有罪五刑五用哉莫非誠也故曰凡為天下國家有九經所以行之者一也

肫肫其仁

五品之人倫莫不本於中心之仁愛故曰拜稽顙哀戚之至隱也稽顙隱之甚也又曰其往送也望望然汲汲然如有追而弗及也其反哭也皇皇然如有求而弗得也故其往送也如慕其反也如疑求而無所得之也入門而弗見也上堂又弗見也入室又弗見也亡矣喪矣不可復見已矣故哭泣辟踊盡哀而止矣心悵焉愴焉惚焉愾焉心絶志悲而已矣此於喪而觀其仁也喪三日而殯凡附於身者必誠必信勿之有悔焉耳矣三月而葬凡附於棺者必誠必信勿之有悔焉耳矣又曰且比化者無使土親膚於人心獨無恔乎此於葬而觀其仁也齊之日思其居處思其

其笑語思其志意思其所樂思其所嗜齊三日乃見其所爲齊者祭之日入室僾然必有見乎其位周還出户肅然必有聞乎其容聲出户而聽愾然必有聞乎其歎息之聲是故先王之孝也色不忘乎目聲不絶乎耳心志嗜欲不忘乎心又曰祭之明日明發不寐饗而致之又從而思之祭之日樂與哀半饗之必樂已至必哀此於祭而觀其仁也自是而推之郊社之禮所以仁鬼神也射饗之禮所以仁鄉黨也食饗之禮所以仁賓客也親親而仁民仁民而愛物而天下之大經畢舉而無遺矣故曰孝弟爲仁之本

孝弟爲仁之本

堯舜之道孝弟而已矣是故克明俊德以親九族九族既

睦平章有姓百姓昭明協和萬邦黎民於變時雍比之謂

孝弟爲仁之本

察其所安

求仁而得仁安之也不怨天不尤人下學而上達安之也

使非所安則擇乎中庸而不能朞月守矣

子張問十世

記曰聖人南面而治天下必自人道始矣立權度量考文章

改正朔易服色殊徽號異器械別衣服此其所得與民變

革者也其不可得變革者則有矣親親也尊尊也長長也

男女有別此其不可得與民變革者也自春秋之并爲七

國七國之并爲秦而大變先王之禮然其所以辨上下別

親疏決嫌疑定是非則固未嘗異乎先王也故曰其或繼周者雖百世可知也

自古帝王相傳之統至秦而大變然秦之所以亡漢之所以興則亦不待讖緯而知之矣不仁而得天下未之有也此百世可知者也保民而王莫之能禦也此百世可知者也

經典之言二語雅之郭居也字伍民固已前言之矣

媚奧

奧何神哉如祀竈則迎尸而祭於奧此即竈之神矣詩于以奠之宗室牖下註牖室西南隅所謂奧也李氏曰户東而牖西户不當中而近東則西南隅所謂也故謂之奧而祭祀及尊者常處焉曲禮為人子者居不主奧仲尼燕居以奧阼並言是奧本人之所處祭時乃奉神於此時人之語謂媚其召者將順于朝廷之上不若奉迎於燕退

北方去今近南也設炕爲之在東北以南隅爲之爲在

之時也註以與比君以竈比臣本一神也析而二之未合
語意

武盡善

觀於季札論文王之樂以為美哉猶有憾則知夫子謂武
未盡善之旨矣猶未洽於天下孟子此文之猶有憾也天下
未寧而崩史記封禪書此武之未盡善也記曰樂者象成者也
又曰移風易俗莫善於樂武王當日誅紂伐奄三年討其君
而寶龜之命曰有大奸於西土殷之頑民迪屢不靜商俗
靡靡利口惟賢餘風未殄視舜之從欲以治四方風動者
何如哉故大武之樂雖作於周公而未至於世變風移之
日聖人之時也非人力之所能為劉汝佳曰揖讓征誅自是聖人所遇便舜當武

征伐以生之以
文王之服事殷否
為之

忠恕即一貫有一
言而可以終身行之
者其恕乎豈
非一以貫之

之時亦須征伐孔子曰唐虞禪夏后殷周繼其義一也性
之反之自其從入之異及其成功一也人而天反而性矣
以是而論樂之優
劣其與以追蠡者何異哉

忠恕

延平先生答問 門人朱熹元晦編 曰夫子之道不離乎日用之間
自其盡已而言則謂之忠自其及物而言則謂之恕莫非
大道之全體雖變化萬殊於事為之末而所以貫之者未
嘗不一也曾子答門人之問正是發其心爾豈有二邪若
以為夫子一以貫之之旨甚精微非門人所可告姑以忠
恕答之恐聖賢之心不若是之支也如孟子言堯舜之道
孝弟而已矣人皆足以知之但合内外之道使之體用一
原顯微無間則 人不能爾朱子又嘗作忠恕說其大指

與此畧同按此説甚明而集註乃謂借學者盡己推己之目以著明之是疑忠恕為下學之事不足以言聖人之道也然則是二之非之一也

慈谿黄氏曰天下之理無所不在而入之未能以貫通者己私間之也盡己之謂忠推己及人之謂恕忠恕既盡己私乃克此理所在斯能貫通故忠恕者所以能一以貫之者也

元戴侗作六書故其訓忠曰盡己致至之謂忠語曰為人謀而不忠乎又曰言思忠記曰喪禮忠之至也又曰祀之忠也如見親之所愛如欲色然又曰瑕不揜瑜瑜不揜瑕忠也傳曰上思利民忠也又曰小大之獄雖不能察必以

情忠之屬也孟子曰自反而仁矣自反而有禮矣其橫逆由是也君子必自反也我必不忠觀於此數者可以知忠之義矣反自而誠然後能忠矣能忠矣然後由己推而達之家國天下其道一也其訓恕曰推己及物之謂恕己欲立而立人己欲達而達人施諸己而不願亦勿施於人恕之道也克是心往以達乎四海矣故曰夫子之道忠恕而已矣忠也者天下之大本也恕也者天下之達道也本程子子貢問曰有一言而可以終身行之者乎子曰其恕乎仲弓問仁夫子告之夫聖人者何以異於人哉知終身可行則亦以敬恕

知一以貫之之義矣

中庸記夫子言君子之道四無非忠恕之事而乾九二之

龍德亦唯曰庸言之信庸行之謹然則忠恕君子之道也何以言違道不遠曰此猶之云巧言令色鮮矣仁也古人語辭云爾違道不遠即道也違禽獸不遠即禽獸也孟子以自申之豈可以此而疑忠恕之有二乎或曰孟子曰强恕而行求仁莫近焉何也曰此爲未至乎道者言之也孟子曰由仁義行非行仁義也仁義豈有二乎今人謂有聖人之忠恕有學者之忠恕非也盡得忠恕方是聖人學者所以學爲忠恕

朝聞道夕死可矣

有弗學學之弗能弗措也有弗問問之弗知弗措也有弗思思之弗得弗措也有弗辨辨之弗明弗措也有弗行行之弗篤弗措也不知年數之不足也俛焉日有孳孳斃而後已故曰朝聞道夕死可矣吾見其進也未見其止也有

一日未死之自則有一日未聞之道

夫子之言性與天道

夫子之教人文行忠信而性與天道在其中矣故曰不可得而聞

子曰二三子以我為隱乎吾無隱乎爾吾無行而不與二三子者是丘也謂夫子之言性與天道不可得而聞是疑其有隱者也不知夫子之文章無非夫子之言性與天道所謂吾無行而不與二三子者是丘也

子貢之意猶以文章與性與天道為二故曰子如不言則小子何述焉子曰天何言哉四時行焉百物生焉天何言哉是故可仕可止可久可速無一而非天也恂恂便便

侃侃誾誾無一而非天也

動容周旋中礼者盛德之至也孟子以爲堯舜性之之事

夫子之文章莫大乎春秋春秋之義尊天王攘夷狄誅亂臣賊子皆性也皆天道也故胡氏以春秋爲聖人性命之文而子如不言則小子何述爲

今人但以繫辭爲夫子言性與天道之書愚嘗三復其文如鳴鶴在陰七爻自天祐之一爻憧憧往來十一爻履德之基也九卦所以教人學易者無不在於言行之間矣故曰初率其辭而揆其方既有典常苟非其人道不虚行

樊遲問仁子曰居處恭執事敬與人忠司馬牛問仁子曰仁者其言也訒由是而充之一日克己復礼有異道乎

之謂性与天道不可得而 也

今之君子學未及乎樊遲司馬牛而欲其說之高於顏曾二子是以終日言性與天道而不自知其墮於禪學也

朱子曰聖人教人不過孝弟忠信持守誦習之間此是下學之本今之學者以爲鈍根不足留意其平居道說無非子貢所謂不可得而聞者又曰近日學者病在好高論語未問學而時習便說一貫孟子未言梁惠王問利便說盡心易未看六十四卦便讀繫辭此皆躐等之病又曰聖賢立言本自平易今推之使高鑿之使深

黄氏日鈔曰夫子述六經後來者溺於訓詁未害也濂雒言道學後來者借以談禪則其害深矣

孔門弟子不過四科自宋以下爲之學者則有五科曰語

録抖

五胡亂華本於清談之流禍人人知之孰知今日之清談有甚於前代者昔之清談談老莊今之清談談孔孟未得其精而已遺其粗未究其本而先辭其末不習六藝之文不考百王之典不綜當代之務舉夫子論學論政之大端一切不問而曰一貫曰無言以明心見性之空言代修己治人之實學股肱惰而萬事荒爪牙亡而四國亂神州蕩覆宗社丘墟昔王衍妙善玄言自比子貢及為石勒所殺將死顧而言曰嗚呼吾曹雖不如古人向若不祖尚浮虛戮力以匡天下猶可不至今日今之君子得不有媿乎其言

變齊變魯

變魯而至於道者道之以德齊之以礼變齊而至於魯者道之以政齊之以刑

博學於文

君子博學於文自身而至於家國天下制之為數度發之為音容莫非文也品節斯斯之謂礼孔子曰伯母叔母疏衰踊不絶地姑姊妹之大功踊絶於地知此者由文矣哉由文以哉記曰三年之喪人道之至文者也又曰礼減而進以進為文樂盈而反以反為文傳曰文明以止人文也觀乎人文以化成天下故曰文王既沒文不在茲乎而謚法經緯天地曰文學弟子之學詩書六藝之文有淺深之不

误写了

同矣

三以天下讓

皇矣之詩曰帝作邦作對自太伯王季則泰伯之時周日以彊大矣乃託之采藥往而不反當其時以國讓也而自後日言之則以天下讓也○猶南宮适謂稷躬稼而有天下鄭康成註曰泰伯周太王之長子次子仲雍次子季歷大王見季歷賢又生文王有聖人表故欲立之而未有命大王疾泰伯因適吳越采藥大王沒而不返季歷為喪主一讓也季歷赴之不來奔喪二讓也免喪覆過斷髮文身三讓也三讓之美皆隱蔽不著故人無得而稱為當其時讓王季也而自後日言之則讓於文王武王也有天下者在三世之後而讓之者在三世之前宗祧不記其功彝鼎不銘其迹此所謂三以天下讓民無得而稱爲者也路史曰方太王時以與王季而王季以與文

王文王以與武王皆泰伯啟之也故曰三讓
泰伯去而王季立王季立而文武興雖謂之以天下讓可
矣太史公序吳世家云太伯避歷江蠻是適文武攸興古
公王迹甚當
高泰伯之讓國者不妨王季詩之言因心則友是也述文

王之事君者不害武王詩之言上帝臨汝是也古人之能
言如此今將稱泰伯之德而先以莽操之志擬諸太王豈
夫子立言之意哉朱子作論語或問不取翦商之說而蔡
仲默傳書武成曰大王雖未始有翦商之志而始得民心
王業之成實基於此仲默朱子之門人可謂善於述朱子
之失者矣

或問曰大王有廢長立少之意非礼也泰伯又探其邪志而成之至於父死不赴傷毀髮膚皆非賢之事就死必於讓國而為之則亦過而不合於中庸之德矣其為至德何邪曰大王之欲立賢子聖孫為其道足以濟天下而非有愛憎之間利欲之私也是以泰伯去之而不為狷王季受之而不為貪父死不赴傷毀髮膚而不為不孝蓋處君臣父子之變而不失乎中庸此所以為至德也其與魯隱公吳季子之事蓋不同矣（此說本之伊川先生）

有婦人焉

予有亂臣十人同心同德此陳師誓衆之言所謂十人皆自在戎行者而太姒邑姜在宮壺之内必不從軍旅之事

亦必不并数之以足十人之数也古人有言曰牝雞無晨牝雞之晨惟家之索方且以用婦人為紂罪矣乃周之功業必藉於婦人乎此理之不可通或文字傳寫之誤漢傳士孔衍言臣祖安國得壁中古文論語為改今文為亂臣十人闕疑可也書大誥爽邦由哲亦惟十人迪知上帝命蔡氏亦以

季路問事鬼神

未能事人焉能事鬼左右就養無方故其祭也洋洋乎如在其上如在其左右未知生焉知死人之生也直故其死也無求生以害仁有殺身以成仁

天地有正氣襍然賦流形下則為河嶽上則為日星文信公正氣歌可以謂之知生矣孔子成仁孟子取義而今而後庶幾

無愧贊衣帶可以為（謂）之知死矣

不踐迹

服堯之服誦堯之言行堯之行所謂踐迹也先生之教若說命所謂學于古訓康誥所謂紹聞衣德言以至於詩書六藝之文三百三千之則有一非踐迹者乎善人者忠信而未學禮篤實而未日新雖具天資之美亦能闇與道合而迹（卒）以不學無自以入聖人之門矣治天下者亦然故曰周監於二代郁郁乎文哉不然則以漢文之幾致刑措而不能成三代之治矣

異乎三子者之撰

夫子如或知爾言之吾非斯人之徒與而誰與也曾點浴

沂詠歸之言素貧賤行乎貧賤君子無入而不自得也故曰異乎三子者之撰

去兵去食

乃積乃倉乃裹餱糧于槖于囊因所以足食而不待盬土之行也備乃弓矢鍛乃戈矛礪乃鋒刃無敢不善國所以足兵而不待淮夷之役也苟其事變之來而有所不及備則耰鋤白梃可以為兵而不可闕食以修兵矣糠覈草根可以為食而不可棄信以求食矣古之人有至於張空拳羅雀鼠而民無二志者非上之信有以結其心乎此又權於緩急輕重之閒而為不得已之計也明此義則國君死社稷大夫死宗廟至於輿臺牧圉之賤莫不親其上死其長

所謂聖人有金城者此物此志也豈非爲政之要道乎孟子言制梃以撻秦楚亦是可以無待於兵之意

古之言兵非今日之兵謂五兵也故曰天生五材誰能去兵世本蚩尤以金作兵一弓二殳三矛四戈五戟周礼司右五兵註引司馬法曰弓矢圍殳矛守戈戟助是也詰爾戎兵詰此兵也踊躍用兵用此兵也無以鑄兵左傳僖公十八年傳鑄此兵也秦漢以下始謂執兵之人爲兵如信陵君得選兵八萬人項羽將諸侯兵三十餘萬見於太史公之書而五經無此語也

以執兵之人爲兵猶之以被甲之人爲甲公羊傳桓公使高子將南陽之甲立僖公而城魯閔公二年晉趙鞅取晉陽之

甲以逐荀寅與士吉射定公十三年

鼻盪舟

竹書紀年帝相二十七年澆伐斟鄩大戰於濰覆其舟滅之楚辭天問覆舟斟鄩何道取之正謂此也漢時竹書未出故孔安國註為陸地行舟而後人因之王逸註天問謂滅斟鄩氏奄若覆舟亦以不見竹書而強為之說

古人以左右衝殺為盪陣宋書顏師伯傳單騎出盪孔覬傳每戰以刀楯直盪具鋭卒謂之跳盪別師謂之盪主陳書高祖紀盪主戴晃徐宣斧後周書侯莫陳崇傳王勇傳有直盪都督楊紹傳有直盪別將晉書載記隴上健兒歌曰丈八蛇矛左右盤十盪十決無當前唐書百官志矢石未交陷堅突衆敵因而敗者曰跳盪之舟蓋兼此義與蔡姬之乘舟蕩公

不同（左傳僖公公三年）

管仲不死子糾

君臣之分所關者在一身夷夏之防所繫者在天下故夫子之於管仲畧其不死子糾之罪而取其一匡九合之功蓋權衡於大小之閒而以天下為心也夫以君臣之分猶不敵夷夏之防春秋之志可知矣

有謂管仲之於子糾未成為君臣者子糾於齊未成君於仲與忽則成為君臣矣狐突之子毛及偃從文公在秦而曰今臣之子名在重耳有年數矣（漢晉已下太子諸王與其臣皆定君臣之分蓋自古相傳如此）若毛偃為重耳之臣而仲與忽不得為糾之臣是以成敗定君臣也可乎又謂桓兄糾弟此亦强為之說夫子

之意以被髮左衽之禍尤重於忘君事讎也
論至於尊周室攘夷狄之大功則公子與其臣區區一身
之名分小矣雖然其君臣之分故在也遂謂之無罪非也

予一以貫之

好古敏求多見而識夫子之所自道也然有進乎是者六
爻之義至賾也而曰知者觀其彖辭則思過半矣三百之
詩至汎也而曰一言以蔽之曰思無邪三千三百之儀至
多也而曰礼與其奢也寧儉十世之事至遠也而曰殷因
於夏礼周因於殷礼雖百世可知百王之治至殊也而曰
道二仁與不仁而已矣此所謂予一以貫之者也其教門
人也必先叩其兩端而使之以三隅反故顏子則聞一以

知十而子貢切磋之言子夏礼後之問則皆善其可與言詩豈非天下之理殊塗而同歸大人之學舉本以該末乎彼章句之士既不足以觀其會通而高明之君子又或語德性而遺問学均失聖人之指矣

君子疾没世而名不稱焉

疾名之不稱則必求其𡨋矣君子豈有務名之心哉是以乾初九之傳曰不易乎世不成乎名古人求没世之名今人求當世之名吾自幼及老見人所以求當世之名者無非為利也名之所在則利歸之故求之惟恐不及也苟不求利亦何慕名

性相近也

性之一字始見於商書曰惟皇上帝降衷於下民若有恒性恒即相近之義相近近於善也相遠遠於善也故夫子曰人之生也直罔之生也幸而免人之生也直即孟子所謂性善人亦有生而不善者如楚子良生子越椒子文知其必滅若敖氏是也然此千萬中之一耳故公都子所述之三説孟子不斥其非而但曰乃若其情則可以為善矣乃所謂善也蓋凡人之所大同而不論其變也若紂為炮烙之刑盜跖日殺不辜肝人之肉然則生而性與人殊亦如五官百骸人人所同然亦有生而不具者豈可以一而槩萬乎故終謂之性善也

孟子論性專以其發見乎情者言之且如見孺子入井○亦

有不憐者嘑蹴之食有笑而受之者此人情之變也若反從而善之吾知其無是人也

曲沃衛蒿曰孔子所謂相近即以性善而言若性有善有不善其可謂之相近乎如堯舜性者也湯武反之也若湯武之性不善安能反之以至於堯舜和湯武可以反之即性善之說湯武之不即為堯舜而必待於反之即性相近之說也孔孟之言一也

虞仲

史記太伯之奔荊蠻自號句吳荊蠻義之從而歸之千餘家立為吳太伯太伯卒無子弟仲雍立是為吳仲雍仲雍卒子季簡立季簡卒子叔達立叔達卒子周章立是時周

武王克殷求太伯仲雍之後得周章周章已君吴因而封之乃封周章弟虞仲於周之北故夏墟是為虞仲列為諸侯按此則仲雍為仲雍而虞仲者仲雍之曾孫也殷時諸侯有虞國詩所云虞芮質厥成者武王時國滅而封周章之弟於其故墟乃有虞仲之名耳論語逸民虞仲夷逸左傳太伯虞仲文王之昭也則謂仲雍為虞仲是祖孫同號且仲雍君吴不當言虞古吴虞二字多通用史記趙世家吴廣内其女孟姚索隱曰古虞吴音相近故舜後亦姓吴詩不吴不敖漢書武帝紀引作不虞不驁衛尉衛方碑辭作不吴不揚作不虞不揚釋名吴虞也公羊傳定公四年晋士鞅衛孔圉帥師伐鮮虞虞本或作吴石鼓文有吴人誅曰虞人也水經注吴山在汧縣西古之汧山也国語所謂虞矣楊用修曰吴古虞字省文如虖之省為乎[illegible]之省為祖也今崑山有浦名大虞小虞俗謂之大吴小吴

竊疑二書所稱虞仲並是吴仲之音

誤。又考吳越春秋太伯曰：「其當也封晉吳仲也。」則仲雍之稱吳仲，固有徵矣。漢書地理志：「河東郡大陽吳山在西，上有吳城（史記秦本紀昭襄王五十三年伐魏取吳城），周武王封太伯后於此（吳祖太伯曰太伯后），故是為虞公。」後漢郡國志：「太陽有吳山，上有虞城。」（水經注作虞城）亦虞城之書為吳城，猶吳仲之書為虞仲也。杜元凱左氏註亦曰：「仲雍支子別封西吳。」

聽其言也厲

君子之言非有意於厲也，是曰是，非曰非。孔穎達洪範正義曰：「言之決斷，若金之斬割。」居官則告諭可以當鞭扑，行師則誓戒可以當甲兵，此之

謂聽其言也厲

有始有卒者其惟聖人乎

聖人之道未有不始於洒掃應對進退者也故曰約之以

礼又曰知崇礼卑

日知録卷之十

梁惠王

史記魏世家惠王三十六年卒子襄王立襄王元年與諸侯會徐州相王也追尊父惠王為王而孟子書其對惠王無不稱之為王者則非追尊之辭明矣司馬子長亦知其不通而改之曰君（通鑑改孟子作君何必曰利亦以此）然孟子之書出於當時不容誤也杜預左傳集解后序言哀王於史記襄王之子惠王之孫也惠王三十六年卒而襄王立立十六年卒而哀王立古書紀年篇惠王三十六年改元從一年始至十六年而稱惠成王卒即惠王也疑史記誤分惠成之世以為後王年也哀王二十三年乃卒故特不稱謚謂之

比一初更確

今王（作書時未卒故謂之今王）今按惠王即位三十六年稱王改元又十六年卒而子襄王立即紀年所謂今王無哀王也襄哀字相近史記分為二人誤耳

秦本紀秦惠文王四十年更為元年此稱王改元之證又與魏惠王同時

魏世家襄王五年予秦西河之地七年魏盡入上郡於秦

今按孟子書惠王自言西喪地於秦七百里乃悟史記所書襄王之年即惠王之後五年後七年也以孟子證之而自明者也

括紀年周慎靚王之二年而魏惠王卒其明年為魏襄王之元年又二年燕王噲讓國於其相子之又二年為赧王

之元年齊人伐燕取之又二年燕人畔與孟子之書先梁后齊其事皆合然孟子在二國皆不久書中齊事特多又嘗為卿於齊嘗有四五年君適梁乃惠王之末而襄立即故梁事不多謂孟子以惠王之三十五年至梁者誤以惠王之後元年為襄王之元年故也史記及孟子序說謂梁惠王之三十五年孟子至梁其後二十三年齊人伐燕而孟子在齊者非衛蒿曰孟子游歷先後雖不可考以本書證之當是由宋歸鄒由鄒之任之薛之滕而后之梁之齊

孟子為卿於齊其於梁則客也故見齊王稱臣見梁王不稱臣

未有義而後其君者也

不遺親不后君仁之效也其言義何義者禮之所從生也

昔者齊景公有感於晏子之言而懼其國之為陳氏也曰是可若何對曰唯礼可以已之在礼家施不及國民不遷農不移工賈不變士不濫官不滔大夫不收公利又曰君令臣共父慈子孝兄愛弟敬夫和妻柔姑慈婦聽礼也君令而不違臣共而不貳父慈而教子孝而箴兄愛而友弟敬而順夫和而義妻柔而正姑慈而從婦聽而婉礼之善物也晉侯謂女叔齊曰魯侯不亦善於礼乎對曰礼所以守其國行其政令無失其民者也今政令在家不能取也有子家羈弗能用也公室四分民食於他思莫在公不圖其終為國君難將及身不恤其所礼之本末將於此乎在而屑屑焉習儀以亟言善於礼不亦遠乎子曰君子之道辟則坊

壹與第二十五卷內上下連接郭李參攷

與坊民之所不足者也大為之坊民猶踰之故君子礼以坊德刑以坊淫命以坊欲古之明王所以禁邪於未形使民日遷善遠罪而不自知者是必有其道矣

不動心

凡人之動心與否固在其加卿相行道之時也枉道事人曲學阿世皆從此而始矣我四十不動心者不動其行一不義殺一不辜而得天下有不為也之心

市朝

若撻之於市朝即書所言若撻於市古者朝無撻人之事市則有之周礼司市市刑小刑憲罰中刑徇罰大刑扑罰又曰胥執鞭度而巡其前掌其坐作出入之禁令凡有

吾力猶能肆諸市朝

此朝字乃市之朝非朝廷之朝也

罪者捷獄而罰之是也礼記檀弓遇諸市朝不反兵而鬭兵器非可入朝之物奔喪哭辟市朝奔喪亦但過市無過朝之事也其謂之市朝者史記孟嘗君傳日莫之後過市朝者掉臂不顧索隱曰言市之行列有如朝位故曰市朝古人能以衆整如此司市以次敘分地而經市註敘肆行列也後代則朝列之參差有反不如市肆者矣

必有事焉而勿正心

倪文節思謂當作必有事焉而勿忘勿忘勿助長也傳寫之誤以忘字作正心二字言養浩然之氣必當有事而勿忘既已勿忘又當勿助長也疊二勿忘作文法也按書無逸篇曰是時厥後立王生則逸生則逸不知稼穡之艱難

三分天下有其二孔子言之矣後人反稱為至德何哉

亦是疊一句而文愈有致今人發言亦多有重說一句者礼記祭義見間以俠甒鄭氏曰見間當為覸史記蔡澤傳吾持梁刺齒肥索隱曰刺齒肥當為齧肥論語五十以學易朱子以為五十當作卒此皆古書一字誤為二字之證

文王以百里

湯以七十里文王以百里孟子爲此言以證王之不待大尒其寔文王之國不止百里周自王季伐諸戎疆土日大文王自岐遷豐其國已跨三四百里之地伐戎伐密自河以西舉屬之周未克商以前無滅國者但臣屬而已至於武王而西及梁益庸蜀羌髳微盧彭濮東臨上黨戡黎無非周地紂之所有不過河內殷墟其從之者亦但東方諸國而已一舉而克商宜其如振

槁也書之言文王曰大和畏其力文王何嘗不藉力哉

孟子自齊葬於魯

孟子自齊葬於魯言葬而不言喪此改葬也礼改葬緦事畢而除故反於齊止於嬴而充虞乃得乘閒而問若曰奔喪而還營葬方畢即出赴齊卿之位而門人未得發言可謂三月無君則皇皇如也而身且不行三年之喪何以教滕世子哉

廛無夫里之布

有夫布有里布周礼地官載師職曰凡宅不毛者有里布凡田不耕者出屋粟凡民無職事者出夫家之征閭師職曰凡無職者出夫布　鄭司農云里布者布參印　書廣二寸

長二尺以為幣貿易物詩云抱布貿絲抱此布也或曰布泉也春秋傳曰買之百兩一布昭公二十六年又廛人職掌斂布之欲布總布質布罰布廛布玄謂宅不毛者罰以一里二十五家之泉集註未引閭師文今人遂以布專屬於里

其實皆什一也

古來田賦之制實始於禹水土既平咸則三壤后之王者不過因其成蹟而已故詩曰信彼南山維禹甸之畇畇原隰曾孫田之我疆我理南東其畝然則周之疆理猶禹之遺法也周禮小司徒註昔夏少康在虞思有田一成有衆一旅一旅之衆而田一成則井牧之法先古然矣孔氏信南山正義引此則曰以甸之法禹之所為孟子乃曰夏后氏五十而貢殷人七十而助周人百畝而徹夫井地之制一井之地畫為

九區故蘇洵謂萬夫之地蓋三十二里有半而其間為川為路者一為澮為道者九為洫為涂者百為溝為畛者千為遂為徑者萬使夏必五十殷必七十周必百則是一王之興必將改畛涂變溝洫移道路以就之為此煩擾而無益與民之事也豈其然乎周官遂人凡治野夫間有遂遂上有徑十夫為溝溝上有畛百夫有洫洫上有涂千夫有澮澮上有道萬夫有川川上有路以達於畿夫子言禹盡力乎溝洫而禹之自言亦曰濬畎澮距川知其制不始於周矣蓋三代取民之異在乎貢助徹而不在乎五十七十百畝其五十七十百畝特丈尺之不同而田未嘗易也故曰其實皆什一也古之王者必改正朔易服色異度數故史記秦始皇本紀於改年十月朔上黑之下即曰數以六為紀符法冠皆六寸而輿六尺六尺為步乘六馬

今街里是也不足何以謂曰之閒

三代之王其更制改物亦大抵如此故王制曰古者以周尺八尺為步今以周尺六尺四寸為步而當日因時制宜之法亦有可言夏人土曠人稀故其畝特大殷周土易人多故其畝漸小以夏之一畝為二畝其名殊而實一矣國佐之對魯人曰先王疆理天下物土之宜而布其利豈有三代之王而為是紛紛無益於民之事乎

莊嶽

引而置之莊嶽之閒註莊嶽齊街里名也莊是街名嶽是里名左傳襄二十八年得慶氏之木百車於莊註云六軌之道昭十年又敗諸莊哀六年戰於莊敗註竝同反陳于嶽註云嶽里名

古者不為臣不見

觀夫孔子之見陽貨而後知踰垣閉門爲賢者之過未合於中道也然後世之人必有如胡廣被中庸之名焉道託仲尼之迹者矣其始也屈已以見諸侯一見諸侯而懷其禄利於是望塵而拜貴人希旨以投時好此其所必至者曾子子路之言所以爲末流戒也故曰君子上交不諂又曰上弗援下弗推後世之於士人許之以自媒勸之以干禄而責其有恥難矣

公行子有子之喪

礼父爲長子斬衰三年故公行子有子之喪而孟子與古師及齊之諸臣皆往弔

爲不順於父母

烝乃底豫之後何以見舜之孝集於封有庳象已為舜所化矣

虞書所載帝曰予聞如何岳曰瞽子父頑母嚚象傲克諧以孝烝烝乂不格姦是則帝之舉舜在瞽瞍底豫之後今孟子乃謂九男二女百官牛羊倉廩備以事舜於畎畝之中猶不順於父母而如窮人無所歸此非事實但其推見聖人之心若此使天下之為人子者處心積慮必出乎此而後為大孝耳與答排應之問同後儒以為實然則二嫂使治朕棲之說亦可信矣

象封有庳

舜都蒲坂而封象於道州鼻亭水經注王隱曰應陽縣本泉陵之北部東里五有鼻墟象所封也山下有象廟後漢書東平王蒼傳註有鼻國名在今永州營道縣北袁譚傳註今猶謂之鼻亭在三苗以南荒服之地誠為可疑如孟子所論親之欲其貴

受之欲其富又且欲其源〻而來何以不在中原近畿之處而置之三千餘里之外邪蓋上古諸侯之封萬國其時中原之地必無閒土可以封故也又考太公之於周其功亦大矣而僅封營丘營丘在今昌樂濰二縣界史言其地瀉鹵人民寡而孟子言其儉於百里又保萊信處而與之爭國夫尊為尚父親為后父功為元臣而封止於此豈非中原之地無閒土故至薄姑氏之滅而后乃封於太公邪周時滅一國乃封一國左傳成王滅唐而封太叔或曰禹為是也竹書紀年武王十六年秋王師滅蒲姑封在陽翟稷封在武功何與二臣者有安天下之大功舜固不得以介弟而先之而故象之封於遠聖人之不得已也漢高祖封劉仲為代王乃是棄其兄於邊陲近胡之地與舜之封象異矣

周室班爵禄

為民而立之君故班爵之意天子與公侯伯子男一也而非絶世之貴代耕而賦之禄故班禄之意君卿大夫士與庶人在官一也而非無事之食黄氏日抄讀王制曰必本於上農夫者示禄出於農等而上之皆以代耕者也是故知天子一位之義則不敢肆於民上以自尊知禄以代耕之義則不敢厚取於民以自奉而侮奪人之君常多於三代之下矣

費惠公

孟子費惠公註惠公費邑之君按春秋時有兩費其一見左傳成公十三年晉侯使吕相絶秦曰殄滅我費滑註滑國都於費今河南緱氏縣莊公十六年滑伯註同昭公二十六年王次於滑註滑周地

本邑鄭襄公十八年楚為子馮公子格率鋭師侵費滑益本一地秦滅之而後屬晉耳女叔侯對平公曰虞虢焦滑霍揚韓魏皆姬姓也晉是以大其一僖公元年公賜季友汶陽之田及費齊乘費城在費縣北西二十里魯季氏邑漢梁相費汎碑云其先季友為魯大夫有功封費因以為姓按隱公元年已有費伯即費庈父在子思時滑國之費其亡已久疑即季氏之後而僭稱公者魯連子稱陸子謂齊湣王曰魯費之衆臣甲舍於襄賁而楚人對頃襄王有鄒費郯邳殆所謂泗上十二諸侯者邪

仁山金氏曰費本魯季氏之私邑而孟子稱小國之君曾子書亦有費君費子之稱蓋季氏專魯而自春秋以後計必自據其邑如附庸之國矣大夫之為諸侯不待三晉而

始然其來亦漸矣

且不可步且是亡之也

季氏之於魯但出君而不敢立君但分國而不敢簒位愈於晉衛多矣故曰魯猶秉周礼

行吾敬故謂之内也

先王治天下之具五典五礼五服五刑其出乎身加乎民者莫不本之於心以為之裁制親親之殺尊賢之等礼所生也故孟子答公都子言義而舉酌鄉人敬尸二事皆礼之周也而莫非義之所宜自此道不明而二氏空虚之教至於搥提仁義絶滅礼樂從此起矣自宋以下一二賢智之徒病漢人訓詁之學得其粗迹務矯之以歸於内而達道達德九經三重之事置之不論此所謂告子未嘗知義

者也其不流於異端而害我道者幾希

董子曰宜在我者而後可以稱義故言義者合我與宜以爲一言以此操之義之言我也義字以我爲聲與意與與孟子之言相發

以紂爲兄之子

以紂爲弟且以爲君而有微子啓以紂爲兄之子且以爲君而有王子比干竝言之則於文有所不便故舉此以該彼此古人文章之善且如郊社之禮所以事上帝也不言后土地道無成而代有終也不言臣妻先王居檮杌于四裔不言渾敦窮奇饕餮後之讀書者不待子貢之明亦嘗聞一知二矣

才

人固有為不善之才而非其性也性者天命之才者亦天降之（下章言天之降才）是以禽獸之人謂之未嘗有才中庸言能盡其性孟子言不能盡其才能盡其才則能盡其性矣在乎擴而充之

求其放心

學問之道無他求其放心而已矣然則但求放心可不以於學問乎與孔子之言吾嘗終日不食終夜不寢以思無益不如學也者何其不同邪他日又曰君子以仁存心以礼存心是所存者非空虛之心也夫仁與礼未有不學問而能明者也孟子之意蓋曰能求放心然後可以學問使奕

秋誨人二奕其一人專心致志惟奕秋之為聽一人雖聽之一心以為有鴻鵠將至思援弓繳而射之雖與之俱學弗若之矣此放心而不知求者也然但知求放心而未嘗窮中罫之方悉雁行之勢馬融圍碁賦亦必不能從事於奕

所去三

免死而已矣則亦不久而去矣故曰所去三

自視欿然

人之為學不可自小又不可自大得百里之地而君之皆足以朝諸侯有天下不敢自小也附之以韓魏之家如其自視欿然則過人遠矣不敢自大也予將以斯道覺斯民也思天下之民匹夫匹婦有不被堯舜之澤者若已推而

内之溝中則可謂不自小矣自耕稼陶漁以至為帝無非取於人者則可謂不自大矣故自小小也自大亦小也今之學者非自小則自大吾見其同為小人之歸而已

士何事

士農工商謂之四民其說始於管子穀梁成公元年傳亦云三代之時民之秀者乃收之鄉序升之司徒而謂之士固千里之中不得一焉大宰以九職任萬民五曰百工飭化八材計亦無多人尔武王作酒誥之書曰妹土嗣尔股肱純其藝黍稷奔走事厥考厥長此謂農也肇牽車牛遠服賈用孝養厥父母此謂商也又曰庶士有正越庶伯君子其尔典聽朕教則謂之士者大抵皆有職之人矣惡有所謂群萃

而州處四民各自為鄉之法哉春秋以後游士日多齊語言桓公為游士八十人奉以車馬衣裘多其資幣使周游四方以號召天下之賢士而戰國之君遂以士為輕重文者為儒武者為俠烏呼游士興而先王之法壞矣彭更之言王子墊之問其猶近古之意與

飯糗茹草

享天下之大福者必先天下之大勞宅天下之至貴者必執天下之至賤是以殷王小乙使其子武丁舊勞於外知小人之依而周之后妃亦必服澣濯之衣修煩辱之事及周公遭變陳后稷先公王業之所由者則皆農夫女工衣食之務也干寶晉紀論古先王之教能事人而後能使人其心

不敢失於一物之細而后可以勝天下之大舜之聖也而飯糗茹草禹之聖也而手足胼胝面目黧黑此其所以道濟天下而為萬世帝王之祖也況乎其不如舜禹者乎朱子語類言舜之耕稼陶漁夫子之釣弋子路之負米子貢之埋馬皆賤者之事而古人不辭也有若三踊於魯大夫之庭冉有用矛以入齊軍而樊須雖少能用命此執干戈以衛社稷而古人所不辭也后世驕侈日甚反以臣子之職為恥

孟子外篇

史記五被對淮南王安引孟子曰紂貴為天子死曾不若匹夫揚子法言修身篇引孟子曰夫有意而不至者有矣未有無意而至者也桓寬鹽鐵論引孟子曰吾於河廣知德之至也又引孟子曰堯舜之道非遠人也人不思之爾周礼大行人註引孟子曰諸侯有王宋鮑照河清頌引孟

子曰千載一聖猶旦暮也顔氏家訓引孟子曰圖影失形梁書處士傳序引孟子曰今人之於爵祿得之若其生失之若其死廣韻圭字下註曰孟子六十四黍為一圭十圭為一合以及集註中程子所引荀子孟子三見齊王而不言事門人疑之孟子曰我先攻其邪心今孟子書皆無其文豈所謂外篇者邪史記索隱皇甫謐曰孟子稱禹生石紐西夷人也恐其舜生諸馮之誤漢書藝文志孟子十一篇風俗通曰孟子作書中外十一篇詩維天之命傳引孟仲子曰大哉天命之無極而美周之禮也閟宮傳引孟仲子曰是禖宮也正義引趙岐云孟仲子孟子從昆弟學於孟子者也譜云孟仲子者子思弟子蓋與孟軻共事子思後學於孟軻註書論詩毛氏取以為説則又有孟仲子之説矣

陸機詩草木疏云子夏傳魯人申公申公傳魏人李克善
克傳魯人孟仲子孟仲子傳趙人孫卿孫卿傳魯人大毛
公大毛公
傳小毛公

孟子引論語

孟子書引孔子之言凡二十有九其載於論語者八學不厭而教不
倦里仁為美君薨聽於冢宰大哉堯之為君也
小子鳴鼓而攻之吾黨之士狂簡鄉原德之賊也
惡似而非者又多大同而小異然則夫子之言其不傳於后者
多矣故曰仲尼没而微言絶

孟子字樣

九經論語皆以漢石經為據故字畫未變孟子字多近今
如知多作智說多作悅女多作汝辟多作
避弟多作悌彊多作強之類與論語異蓋久變於魏晋
以下之傳録也然則石經之功亦不細矣

唐書言郇州故作豳開元十三年以字類幽改為郇今惟孟子書用郇字

容齋四筆言孟子是由惡醉而强酒見且由不得亟並作由今本作猶是知今之孟子又與宋本小異

孟子弟子

趙岐註孟子以季孫子叔二人為孟子弟子季孫知孟子意不欲而心欲使孟子就之故曰異哉弟子之所問也子叔心疑惑之亦以為可就之矣使已為政以下則孟子之言也又曰告子名不害兼治儒墨之道者嘗學於孟子而不能純徹性命之理又曰高子齊人也學於孟子鄉道而未明去而學他術又曰盆成括嘗欲學於孟子問道未達

而去宋徽宗政和五年封告子不害東阿伯高子泗水伯盆城括萊陽伯季孫豐城伯子叔承陽伯皆以孟子弟子故也史記索隱曰孟子有萬章公明高等並軻之門人廣韻又云離婁孟子門人不知其何所本淮南子皇帝亡其玄珠使離朱捷剟索之註二人皆皇帝臣抱朴子有彭祖之弟子離婁公元吳萊著孟子弟子列傳二卷今不傳

晏子曰稱西郭徒居布衣之士盆城括嘗為孔子門人九誤

茶

茶字自中唐始變作茶其說已詳之唐韻正按困學紀聞茶有三誰謂茶苦〻菜也有女如茶茅秀也以薅茶蓼

陸草也今按尔雅荼字凡五見而各不同釋草曰荼苦菜註引詩誰謂荼苦其甘如薺疏云此味苦可食之菜本草一名選一名游冬易緯通卦驗玄圖云苦菜生於寒秋經冬歷春乃成月令孟夏苦菜秀是也葉似苦苣而細斷之有白汁花黄似菊堪食但苦耳又曰蕍荂荼註云即芀疏云按周礼掌荼及詩有女如荼皆云荼茅秀也蕍也荂也其别名此二字皆从草从余又曰蒤虎杖註云似紅草而麄大有細刺可以染赤疏云蒤一名虎杖陶註本草云田野甚多壯如大馬蓼莖班而葉圓是也又曰蒤委葉註引詩以茠蒤蓼疏云蒤一名委葉王肅說詩云蒤陸穢草然則蒤者原田蕪穢之草非苦菜也今詩本茠作薅此二字

皆从草从涂釋木曰檟苦荼註云樹小如梔子冬生葉可煑作羹飲今以早采者為荼晚取者為茗一名荈蜀人名之苦荼此一字亦从草以余今以詩考之邶谷風之荼苦七月之采荼緐之堇荼皆苦菜之荼也詩采苦采苦傳苦苦菜正義曰此荼也陸機云苦菜生山田及澤中得霜恬脆而美所謂堇荼如飴內則云濡豚包苦用苦菜是也又借而為荼毒之荼桑柔湯誥皆苦菜之荼也夏小正取荼秀周礼地官掌荼儀礼既夕礼因著用荼實綏澤焉詩鴟鴞捋荼傳曰荼萑苕也正義曰謂薍之秀穗茅薍之秀其物相類故皆名荼也茅秀之荼也以其白也而象之出其東門有女如荼國語吳王夫差萬人為方陳白常白旗素甲白羽之矰望之如荼考工記望而眡之欲其荼白亦茅秀之荼

也良耜之荼蓼委葉之荼也唯虎杖之荼與檟之苦荼不見於詩禮而王褒僮約云武陽買荼張載登城都白菟樓詩云芳荼冠六清孫楚詩云薑桂荼荈出巴蜀本草衍義晋温嶠上表貢荼千斤茗三百斤是知自秦人取蜀而後始有茗飲之事

王褒僮約前云炰鼈烹荼後云武陽買荼註以前為苦菜后為茗

唐書陸羽傳羽嗜茶自此後荼字減一畫為茶著經三篇言茶之原之法之具尤備天下益知飲茶矣有常伯熊者因羽論服廣著茶之功其后尚茶成風時回紇入朝始驅馬市茶至本朝設茶馬御史而大唐新語言右補闕綦毋煚性不飲茶

著茶飲序曰釋滯消壅一日之利暫佳瘠氣侵精終身之害斯大獲益則功歸茶力貽患則不謂茶災豈非福近易知禍遠難見宋黄庭堅茶賦亦曰寒中瘠氣莫甚於茶或濟之鹽勾賊破家今南人往往有茶癖而不知其害此亦攝生者之所宜戒也

鴚

尒雅舒雁鵞註今江東呼鴚鵝郎駕鵞字古加字讀如哥詩君子偕老之珈東山之嘉注與何為韻左傳魯大夫榮駕鵞方言雁自關而東謂之鴚鵝太玄經粧次二駕鵝慘于冰一作鶬鵝司馬相如子虛賦弋白鵠連駕鵝雙鶬下玄鶴加上林賦鴻鸕鵠鴇駕鵞屬玉揚雄反離騷鳳皇翔于蓬陼兮豈駕鵝之能捷張衡

西京賦鴐鵞鴻鶤南都賦鴻鴇鴐鵝杜甫七歌前飛鴐鵝後鶖鶬遼史穆宗紀獲鴐鵝祭天地元史武宗紀禁江西湖廣汴梁私捕鴐鵝山海經青要之山是多鴐鳥郭璞云未詳或云當作鴐鵝其从馬者傳寫之誤爾漢書古今人表榮鴐鵞師古曰鴐音加今本亦誤作駕今左傳本亦多作鴐猶詩秉秉鴇之誤作鴇也

九經

唐宋取士皆用九經今制定為五經而周禮儀禮公羊穀梁二傳並不列於學宮杜氏通典東晉元帝時太常賀循上言尚書被符經制博士一人晉書荀崧傳時簡省博士其儀禮公羊穀梁及鄭易皆省不置又多故歷紀儒道荒廢學者能兼明經義者少且春秋三傳俱出聖人而義歸不同自前代通儒未有能通得

失兼而學之者也今宜同礼儀礼二經制博士二人春秋三傳置博士三人其餘易詩書則經置一人合八人太常荀崧上疏言博士舊員十有九人今五經合九人准古計今猶未中半周易有鄭氏注其書根源誠可深惜儀礼一經所謂曲礼鄭玄於礼特用皆有證據昔周之衰孔子作春秋左丘明子夏造膝親受孔子沒丘明撰其所聞為之傳微辭妙旨無不精究公羊高親受子夏立於漢朝多可采用穀梁赤師徒相傳諸所發明或是左氏公羊不載亦或足有所訂正臣以為三傳雖同曰春秋而發端異趣宜各置一人以傳其學遇王敦難不行按元帝紀云太興四年三月置周易儀礼公羊博士明年正月王敦反是雖置而旋不行也

唐貞觀九年五月勅自今以后明經

兼習周礼若儀礼者於本色内量減一選開元八年七月國子司業李元瓘上言三礼三傳及毛詩尚書周易等竝聖賢微旨生人教業今明經所習務在出身咸以礼記文少人皆競讀周礼經邦之軌則儀礼莊敬之楷模公羊穀梁歷代宗習今兩監及州縣以獨學無有四經殆絶事資訓誘不可因循其學生請停各量配作業并貢人預試之日習周礼儀礼公羊穀梁竝請帖十通五許其入第以此開勸即望四海均習九經該偹從之唐書開元十六年十二月楊瑒為國子監祭酒奏言今之明經習左氏者十無二三又周礼儀礼及公羊穀梁殆將廢絶請量加優奬於是下制明經習左氏及通周礼等四經者出身免任散官遂著

於戲古人抱遺經扶微學之心如此其急而今乃一切廢之蓋必當時之士于若四經之難習而主議之臣徇其私意遂舉歷代相傳之經典棄之而不學也自漢以来豈不知經之為五而義有並存不容執一故三家之學並列春秋至於三礼各自為書今乃去經習傳尤為無理苟便已私用之干禄幸天下而欺君負國莫甚於此經學日衰人材日下非職此之由乎

宋史神宗用王安石之言士各占治易詩書周礼礼記一經兼論語孟子（是時儀礼春秋皆不列學官元佑初始復春秋左傳）朱文公乞修三礼劄子遭秦滅學礼樂先壞其頗存者三礼而已周官一書固為礼之綱領至於儀法度數則儀礼乃其本經而礼

記如特牲冠義等篇乃其義說耳朱子言儀礼是經礼記是解儀礼且如儀礼有冠礼礼記便有冠義儀礼有昏礼礼記便有昏義以至燕射之類莫不皆然前此猶有三礼通礼學究諸科礼雖不行士猶得以誦習而知其説熙寧以來王安石變舊制廢罷儀礼而獨存礼記之科棄經任傳遺本宗末其始失已甚是則儀礼之廢乃自安石始之語類言儀礼舊與五經並行王介甫始罷去祖宗庙有開寶通礼科礼官用此等人為之介甫一切罷去至於今朝此學遂絶

朱子又作謝監嶽文集序曰謝綽中建之政和人先君子尉政和行田間聞讀書聲入而視之儀礼也以時方專治王氏學而獨能尔異之即與俱歸勉其所未至遂中紹興三年進士第在宋已為空谷之足音今時則絶響矣

考次經文

後魏崔浩爲司徒時著作令史閔湛爲浩信任見浩所注詩論書易遂上疏言馬鄭王賈雖著作六經並名跪謬不如浩之精微乞收境内諸書藏之秘府班浩所注命天下習業並求勅浩註礼傳令後生得視王義浩亦表荐湛有著述之才

礼記樂記寛而静至温良而慈一節當在愛者宜歌商之上文義甚明然鄭康成因其舊文不改輙更但註曰此文換簡失其次寛而静宜在上愛者宜歌商宜承此書武成定是錯簡有日月可考蔡氏亦因其舊而别序一篇爲今考定武成最爲得体

其他考定經文如程子改易繫辭天一地二一節於天數五之上論語必有寢衣一節於齊必有明衣布之下蘇子瞻改書洪範曰王省惟歲一節於五曰曆數之下改康誥惟三月哉生魄一節於洛諱闕誥周公拜手稽首之上朱子改大學康誥曰至止於信於未之有也之下改詩云瞻彼淇澳二節於止於信之下論語誠不以富二句於齊景公公有馬千駟一節之下詩小雅以南陔足鹿鳴之什而下改為白華之什皆至當無可復議後人效之妄生穿鑿周礼五官互相更調而王文憲柏作二南相配圖洪範經傳圖重定中庸章句圖改甘棠野有死麕何彼穠矣三詩于王風仁山金氏本此改斂時五福一節於五曰考終命之

下段維辟作福一節於六曰弱之下使鄒魯之書傳於今者幾無完篇殆非所謂畏聖人之言者矣

董文清槐改大學知止而后有定二節於子曰聽訟吾猶人也之上以為傳之四章釋格物致知而傳止於九章則大學之文元無所闕其說可從

鳳翔袁楷謂文言有錯入繫辭者鳴鶴在陰已下七節自天祐之一節憧憧往來已下十一節此十九節皆文言也即亢龍有悔之一節重見可以明之矣遂取此十八節屬於天玄而地黃之後依卦為序於義亦通然古人之文變化不拘況六經出自聖人傳之先古非後人所敢擅議也